주식시장의 속성

주식시장의 속성

시장을 알아야 투자가 보인다

이창훈 지음

nomad
지식노마드

서문

2020년 코로나19 바이러스로 전 세계 금융시장은 유례없는 격변의 시기를 보내야 했다. 또한 2020년은 한국에서 '동학개미'라는 신조어가 생성될 만큼 개인들이 시장 하락을 틈타 물밀듯이 주식시장에 들어온 역사적인 한 해이기도 했다. 그동안 한국 주식시장에서 개인투자가들은 외국인, 기관투자가의 기세에 눌려 시장의 주도적인 세력이 되기보다는 다소 끌려가는 모습을 보였다. 그런데 이제는 기관투자가와 외국인들의 매도 물량을 적극적으로 받아내며 시장의 매수 주체로서 주도적 역할을 담당하고 있다.

필자가 자본시장에서 일해온 지난 30여 년 동안에도 1999년의 바이코리아Buy Korea 펀드, 2007년 인사이트Insight 펀드를 필두로 한 해외투자 펀드, 차화정(자동차·화학·정유) 열풍이 불었던 랩어카운트

Wrap Account 그리고 최근에 문제가 불거진 라임이나 옵티머스 등의 사모펀드까지 개인들의 투자 열풍이 불었던 시기가 여러 번 있었다. 그런데 뒤돌아보면 대체로 그 결말은 좋지 않았다. 동학농민 운동이 이상理想은 좋았지만 현실에서는 실패했던 것처럼 말이다. 아마 주식 투자가 이루어지는 전체적인 자본시장을 이해하는 개인투자가들의 능력이 부족했던 것이 그 원인이 아니었을까 생각한다.

하지만 이번의 동학개미들은 과거와 달리 주식시장에서 살아남고 성공하기를 진심으로 바란다. 개인투자가들의 장점은 몸이 가볍다는 것이다. 그들에게 적용되는 규제의 제약도, 그들이 따라야 할 내부 규정도 없기 때문이다. 몸이 무거운 기관들과 달리 개인투자가들은 그래서 시장이 큰 변동성을 보여도 게릴라전을 치르듯 그에 유연히 대처할 수 있다. 그렇기에 시장을 이해할 수 있을 뿐 아니라 실력으로 제대로 무장하기만 한다면 충분히 이길 수 있다고 생각한다. 이 전쟁터 같은 자본시장에서 당하지 않고 살아남으려면 외국인 투자가, 기관투자가 등 상대방을 파악하고 전체적인 시장의 판을 읽는 능력이 필수불가결하다.

국내외 대형 자산운용사의 펀드매니저, 본부장, 대표이사 그리고 공무원연금 CIO로서 지난 30여 년간 시장의 굴곡을 온몸으로 체험하며 치열하게 자산운용을 해온 필자의 경험과 지식을 동학개미 독자들과 나누고자 하는 마음에서 이 책을 집필하게 되었다. 다소 어려운 전문적인 내용들도 있어 일반 독자들은 이해하기 좀 어려울 수도 있지만, 인내심을 갖고 찬찬히 독파한다면 주식시장의 속성을 이해하고 투자실력을 키우는 데 도움이 되리라 생각한다. 제대로 시장의 판을 읽고 이기는 투자를 해보자.

이 책은 크게 3장으로 구성되어 있다.

1장은 동학개미에 대한 이야기다. 왜 동학개미 운동이 시작되었는지 분석해보고, 개인들의 투자열풍이 불었던 과거의 사례를 점검해봄으로써, 주식투자에 대한 역사적 교훈을 얻고자 한다.

2장은 주식시장의 속성에 대한 중요 주제들을 다루는데, 이는 곧 이 책의 주제이기도 하다.

주식시장은 여러 요소들로부터 영향을 받는다. 그 많은 요소들 가운데 주식시장과 가장 밀접하게 연결된 것들로는 두 가지가 있다. 하나는 금리, 다른 하나는 외환시장의 핵심적 요소이기도 한 달러다. 이 두 가지가 주식시장에 어떻게 영향을 주는지를 체계적으로 이해하려면 두 요소 자체에 대한 이해가 먼저 있어야 한다.

금리는 주식뿐 아니라 부동산, 금, 어떤 측면에서는 디지털 자산을 포함한 모든 자산 가격을 결정하는 출발점이라 해도 과언이 아니다. 특히나 달러는 명실상부 전 세계의 기축통화로, 모든 국가의 통화는 달러를 중심으로 돌아간다. 따라서 주식시장에 많은 영향을 미치는 유동성을 제대로 파악하고 싶다면 달러에 대한 이해를 건너뛰어선 안 된다.

주식시장은 크게 봤을 때 실물경제 펀더멘털의 영향을 받고, 실물경제는 수요와 공급에 의해 변동한다. 이 변동성을 완충하기 위해 중앙은행과 정부는 통화 정책을 사용한다. 그렇기에 주식시장을 바라보는 관점을 형성하려면 실물경제 및 정부의 통화 정책이라는 두 가지의 큰 축 또한 이해할 수 있어야 한다. 그런 의미에서 최근 시장에서 많이 언급되고 있는 통화 정책에 대해 다뤄보려 한다.

더불어 역시 최근 부상하고 있는 새로운 패러다임인 ESG에 대한 이야기도 풀어볼 것이다. 환경Environment, 사회Social, 지배구조Governance를 뜻하는 ESG는 사실 예전부터 존재했으나 전 세계가 2008년에 금융위기를 겪으며 재차 주목하기 시작한 개념이다. 우리나라에선 2020년부터 각 기업들마다 ESG 위원회를 둘 만큼 이 개념이 제대로 부각되고 있다. 뒤에서 자세히 이야기하겠지만 ESG는 인류에게 중요한 가치로 다가오고 있음과 동시에 한편으로는 자본시장의 패러다임 자체가 변화하고 있음을 나타내는 요소라 할 수 있다. 그렇기에 향후 주식시장을 읽거나 종목을 선정할 때에도 ESG는 반드시 염두에 두어야 하고, 그런 점에서 2장에선 이 요소를 자세히 살펴보려 한다.

여기까지는 우리가 투자를 함에 있어 기본적으로 인지하고 있어야할 글로벌 마켓에 대한 이야기라고 할 수 있다. 그다음으로는 우리나라 시장에 특정된 이슈들을 살펴보려 한다. 우선 한국 시장이 현재 어느 정도의 위치에 있는가를 점검해본다. 통상 이야기되는 '코리아 디스카운트Korea Discount'가 왜 발생하고 있는지를 필자의 관점에서 풀어가려 한다. 이어서 조금은 전문적이고 하나의 주장일 수는 있지만 우리나라의 증시가 MSCI 선진국 지수MSCI World Index[1]에 편입돼야 함을 얘기하고 싶다. 대한민국이 경제 규모로는 이미 세계 10위 안에 들고 선진국 수준이지만, 글로벌 자본시장에서는 정책 대응의 미숙함으로 인해 여전히 신흥국 취급을 받고 있다. 동학개미들이 대거 참여한 한국 주식시장이 전 세계에서 제대로 대접받고 한 단계 더 도약하기 위해서는 선진국 지수에 편입되어야 한다.

2021년 상반기에 우리나라 증시의 기간 조정이 있어 최근에는 좀 잦아들기는 했지만, 2020년 2분기부터 2021년 초까지만 해도 경제 상황에 비해 주가가 가파르게 올라갔다. 2021년 초까지 이어진 강세장은 펀더멘털의 뒷받침 없이 유동성 팽창만으로 나타난 것이었기에 시장에서는 버블의 유무를 따지는 논의가 있었다. 그렇다면 현 시점에선 한국의 주식시장을 어떻게 바라보아야 할까. 가장 좋은 방법은 역시나 과거의 사례들을 통해서 배우는 것이다. 1997년의 외환위기, 2000년의 닷컴 버블, 2008년의 서브프라임 사태 등 과거 20~30년 사이 우리 시장에서는 어떠한 버블의 역사적 사례들이 있었는지를 살펴보고, 당시 버블의 징조가 어떤 점에서 지금의 상황과 비슷하거나 다른지 비교해보면서 현재의 시장을 바라보는 시각을 형성하는 데 도움을 주고자 한다.

---

1 MSCI 지수란 미국계 투자은행인 모건스탠리의 자회사 MSCI Morgan Stanley Capital International 가 산출하여 발표하는 지수로 국가별, 지역별, 경제권별 또는 산업별 지수 등으로 다양하게 구성되어 있다.

우리나라 시장의 주요 플레이어들을 꼽으라고 하면 동학개미, 외국인 투자가 그리고 기관투자가를 들 수 있다. 국민연금을 필두로 하는 기관투자가에 대한 정확한 이해는 시장을, 그중에서도 시장의 수급을 이해하는 데 큰 도움이 될 것이다. 2장은 기관투자가에 대한 이해를 높이는 한편, 투자자들이 일반적으로 갖고 있는 기관투자가에 대한 오해를 풀어보는 계기가 되지 않을까 한다.

금융이나 경제, 주식에 익숙하지 않은 독자들에겐 이 책의 전체적인 내용이 다소 딱딱하고 재미없을 수 있겠다는 생각이 든다. 하지만 주식투자에 발을 들인 이상 주식이 노는 바다, 즉 시장에 대한 이해는 꼭 필요하다. 이 책 속에 포함된 내용들이 조금은 어렵더라도 투자자들이 파악하고 싶은 시장에 대한 이해를 돕는 데는 도움이 될 것이라 생각한다. 물고기가 사는 바다인 시장에 대한 충분한 이해가 뒷받침된다면, 이를 바탕으로 다음 단계인 '물고기를 어떻게 잡을 것인가'에 대한 방법론에 대해 생각해볼 수 있다.

3장에서는 따라서 어떻게 투자할 것인가에 대해 이야기해보려 한다.

최근 들어 특히 더 각종 방송과 유튜브, 책들을 통해 종목과 관련된 정보들이 쏟아져 나오고 있다. 3,000만 원으로 10억 원을 벌었다는 슈퍼개미는 투자에 있어 자신만이 갖고 있는 특별한 노하우, 매매 타이밍 등에 관해 이야기한다. 이렇듯 비교적 단기간에 큰돈을 벌어들인 사례들을 들으면 들을수록 그들의 투자 기법이나 테크닉을 배우면 자신의 투자에도 큰 도움이 될 것 같다는 기분이 든다. 하지만 오랜 기간 동안 필자가 시장을 경험하며 깨달은 바로는 그렇지 않다. 투자는 화려한 스킬과 대단한 테크닉을 사용해야만 성공할 수 있는 것이 아니다.

투자를 잘하려면 결국 투자의 기본, 즉 자신만의 투자 원칙, 주식과 시장을 바라보는 자신만의 관점, 그리고 이런저런 상황과 말에 흔들리지 않도록 자신의 마음을 단단하게 만드는 일이 가장 중요하다고 필자는 생각한다. 필자에겐 투자를 통해 수천억 원을 번 친구가 있는데, 그 친구는 화려한 테크닉을 갖거나 엄청난 전문 지식을 갖고 있는 건 아니다. 대신 어떠한 투자 아이디어가 생기면 그 내용을 굉장히 오랫동안 공부하며 깊이 생각했다고 한다. 그리고 서너 가지로 투자 포인트를 좁히는 등 가능한 한 자신의 생각을 단순화시키기 위해 노력했고, 그렇게 단순화한 논리가 설득력을 갖는다고 생각되면 과감히 투자에 나섰으며, 자기 나름으로 세운 원칙의 틀 안에서 매매를 했다고 한다. 그 친구만의 이러한 마음가짐과 방법이 시간과 함께 누적되면서 큰 부로 이어진 것이다.

3장의 집필 목적과 의의 또한 이와 같은 맥락이다. 투자와 관련된 화려한 테크닉을 제시하기보다는 각자 자기 나름의 투자 원칙을 세우려 하는 독자들에게 기본기를 익히는 데 도움이 되고자 한다. 이를 위해 재무설계, 왜 주식을 해야 하는지, 어떤 주식을 사야 하는지, 주식은 언제 사고 언제 팔아야 하는지, 위험관리 등 자신만의 투자원칙을 세우는데 꼭 필요한 기본기에 대한 이야기를 하려 한다. 새로운 스포츠를 배울 때 사람들은 먼저 기본기를 이해한 뒤 실제로 연습해보고, 여러 시행착오를 거치면서 몸으로 익혀나가게 된다. 그것처럼 투자 역시 기본을 이해하고, 실전에서 부딪히고, 셀프 피드백 과정을 거치면서 조금씩 성장해가는 것이 아닐까 한다. 여러분의 그러한 과정에 3장의 내용들이 도움이 되길 바란다.

필자는 투자는 마음 공부와 같다고 생각한다. 돈을 벌고자 하는 욕망에 휘둘리지 않고 최대한 객관화된 투자 판단을 내리는 것에서부터 자기 자신을 절제하는 위험관리까지, 투자의 세계에는 인생사가 다 함께 존재한다. 변화무쌍한 자본시장이라는 망망대해에서 '투자'를 화두로 삼고 일신우일신日新又日新하면서 정진하다 보면 흔들리지 않는 마음을 조금씩 갖게 되고, 세상을 보는 안목도 깊어질 것이다. 돈이란 그런 사람들에게 덤으로 따라오는 것이다.

이 책을 출간하면서, 사랑하는 아내 은주, 하나님의 선물인 아들 해솔, 해찬이와 함께 기쁨을 나누고 싶다.

집필 과정에서 자료를 찾고, 관련 데이터를 정리하는 등 큰 도움을 준 고세은 팀장에게 감사한다. 조언과 격려를 아끼지 않은 친구들에게도 감사한다.

출판을 제안해주고 편집 교정 등으로 수고해주신 지식노마드 관계자들께도 감사를 드린다.

2021년 8월

이창훈

▌차례 ▌

3장 어떻게 투자할 것인가

1장

동학개미운동

STOCKMARKET

2020년 등장한 신조어, '동학개미운동'

　2019년 말, 중국 후베이성 우한시중심병원의 의사 리원량李文亮은 2003년 중화권에서 인명피해를 냈던 중증급성호흡증후군SARS, Severe Acute Respiratory Syndrome과 유사한 증상을 보이는 환자가 일곱 명 발생했다는 보고서를 입수한다. 감염 확산을 우려한 리원량은 이 보고서를 단체 대화방에 공유하여 해당 상황을 널리 전파하려 했고, 이에 우한 경찰은 허위사실 유포를 이유로 리원량을 불러 '훈계서'에 서명하게 한다. 그렇게 중국 당국은 코로나19COVID-19 발생 초기에 이를 은폐 및 축소하려 했고, 34세의 젊은 의사 리원량은 결국 코로나19에 감염되어 4주에 가까운 투병생활을 하다 안타깝게 세상을 떠난다.

이후 코로나19는 그의 우려와 같이, 아니 그보다 훨씬 더 빠른 전염력과 막대한 파괴력으로 중국 전역뿐 아니라 아시아 및 전 세계 사람들의 일상생활과 경제를 강타한다. 코로나19의 파괴적 영향력 아래 있던 세계 각국들은 확진자가 급속히 증가하는 것을 억제하고 의료 시스템 붕괴를 막기 위해 시민들의 외출 제한, 상점들의 영업 중단 등 대대적인 봉쇄령을 시행하며 사회적 거리두기를 강조했다.

코로나19 발발 초기였던 당시 전 세계 시장은 이 새로운 형태의 팬데믹을 예측하려 노력했고, 진행 상황을 분석했으며, 그것에 당황했고, 패닉에 빠졌다. 전 세계 주식시장도 당장 급락하기 시작했다. 미국 시장의 변동성을 나타내는 VIXVolatility Index 지수[2]는 종가기준 80선까지 치솟았다. 2008년 금융위기 이후 대체로 15를 중심으로 움직여왔던 이 지수가 1930년대 미 대공황 이후 가장 높은 수치를 보인 것이다.

글로벌 주식시장에서의 공포와 패닉 상황은 국내 시장에서도 그대로 느낄 수 있었다. 2020년 들어 연속 3개월간 하락한 코스피 지수는 3월 한 달 동안에만 저점 기준 27% 이상이 떨어졌다. 매도의 주체는 외국인과 기관이었다. 이 기간 동안 외국인은 한국 시장에서 13조

---

2 S&P500 지수옵션의 변동성을 나타내는 지표. 증시지수와는 반대로 움직이며 공포지수라고도 한다.

원어치 이상의 주식을 팔아치워 월간 순매도 규모에서 사상 최대치를 기록했다. 기관 또한 2020년 들어 3월까지 유가증권 시장에서만 7조 원어치 이상의 매물을 쏟아냈다. 시장에 만연한 공포 분위기 속에서 기관과 외국인이 내던지는 주식을 모두 받아낸 주체는 개인투자가들이었다. 2020년 1월부터 3월까지 개인들이 순매수한 주식 규모는 누적 23조 원어치 이상에 달했고, 이후에도 장이 하락할 때마다 개인들은 주식을 사들였다. 팬데믹 전 20조 원 초중반을 맴돌았던 고객예탁금[3]의 규모는 2020년 하반기 들어 세 배 정도 증가하며 60조 원을 넘어섰다. 개인들의 주머니 속에서 기회를 노리다 시장으로 출격할 자금들이 급증한 것이다.

VIX 지수

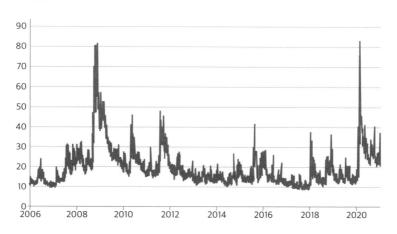

출처: 금융투자협회 freesis

---

3 주식을 사기 위해 증권사에 일시적으로 맡겨놓은 돈.

고객예탁금

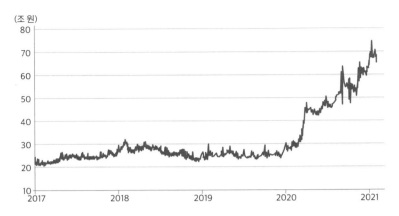

출처: 금융투자협회 freesis

    시장 참여자들, 특히 개인들의 이러한 움직임은 의외의 것이었다. 30년간 필자가 이 업계에 종사하며 관찰해온 한국 시장은 통상적으로 외국인이나 기관들이 방향성을 주도하는 경향을 띠었다. 한국 주식시장의 하락은 대개 외국인이나 기관이 먼저 팔면서 시작되고, 개인들의 매도가 그 뒤를 이으며 하락폭이 커진다. 이와 반대로 시장이 올라갈 때는 개인들의 매도로 공포가 커진 상황에서 외국인과 기관투자가 들이 먼저 시장에 들어와 주식을 사들이기 시작하고, 소위 '스마트한 투자자들'의 일부도 이때 같이 들어와 시장의 바닥을 만들어간다. 그렇게 어느 정도 바닥이 다져져 다시 상승 추세로 모멘텀이 돌아서면 그제야 개인들이 들어오고, 시장이 발산하는 마지막 국면에서 마음 급한 개인들의 추격매수가 일어나면 기관과 외국인은 그 시기를 매도 기회로 잡으며 시장의 상투를 만들었다. 이런 과정에서 안타깝게도 개인들은 늘 '지는' 투자자였고, 그것이 지금껏 한국 주식시장이 보인 경향이었다.

하지만 이번에는 뭔가 많이 달랐다. 앞서 이야기했듯 기관 및 외국인 들의 지속적인 매도를 우직하게 받아낸 주체는 바로 개인들이었고, 그래서인지 시장의 움직임 또한 남달랐다. 코스피 지수로 보면 시장은 2,200선에서 1,439선까지 한 달가량 급락했다가 이후 두 달 동안은 튀어 오르듯 회복했다. 소위 '바닥 다지기'도, 급등 후 뒤따르는 조정도 없이 시장에 급락과 급등만이 나타난 것이다. 이번에는 개인들이 들어와 실질적인 스마트 플레이어 역할을 해주었다. 코로나19 이후 대부분의 시장 참여자들에게 한국 주식시장이 보여준 특이하고 의외인 현상, 이를 지칭하는 이름이 필요했다. 코로나19와 함께 우리 시장에 찾아온 신종 유행어, '동학개미운동'이라는 표현이 탄생한 배경이다.

왜 '동학개미'라 한 것일까? 이 신조어가 빗댄 동학농민운동은 일본, 청, 러시아 등 외세들이 제국주의를 앞세워 호시탐탐 우리나라에 영향력을 행사하고 침략할 기회를 엿보던 조선 말 고종 31년, 즉 1894년 당시 전봉준이 중심이 되어 일으킨 반봉건, 반외세운동이었다. 반봉건운동으로 불리는 1차 봉기는 탐관오리에 저항한 농민봉기로 시작되었다. 전라도는 곡창지대로서 탐관오리들의 수탈 또한 매우 심했는데, 특히 고부 군수였던 조병갑은 그 정도가 아주 지나쳤다고 한다. 이에 몰락한 양반 출신인 전봉준은 1894년 1월 1,000여 명의 농민들과 함께 고부 관아를 습격하기에 이르렀다. 조정은 평소 동학이 신분질서를 어지럽혀 눈엣가시로 여기던 차에 이 농민봉기가 일어나자 동학교도들을 집중적으로 탄압하기 시작했다. 이에 분노한 동학교도들은 그해 3월 다시 일어났고 그 불길은 전라도 등 각지로 퍼져나가 마침내 전주성까지 함락한다. 그 기세에 위기를 느낀 조정은 청나라에 군대를 요청했다. 그리고 청나라의 군대가 상륙하자 이를 빌미로 조선에 영향력을 행사하려 했던 일본군까지 파견되는데, 일본군까지 개입되면서 사태가 커지자 조정은 동학농민군이 원하는 것을 들어주겠다며 해산을 요구했다.

당시 동학농민군이 제시한 폐정개혁안弊政改革案은 지금 봐도 그 내용이 상당히 개혁적이고 바람직하다. 인간존중 및 인내천人乃天을 바탕으로 사람은 누구나 신분에 상관없이 평등하기에 서로 존중하며 살아가야 한다는, 당시로서는 매우 개혁적인 내용들이었다. 폐정개혁안은 탐관오리의 횡포 금지, 토지를 골고루 나누어 경작하는 토지제도 개혁, 과부의 재혼을 허락하는 등 사회적 악습의 폐지 및 신분제도 철폐 등을 골자로 하였다. 조정이 이 안을 받아들이고 1894년 6월 동학농민군이 이 전주화약全州和約을 계기로 해산하며 1차 봉기는 성공적으로 마무리된다.

이후 조선 조정은 동학농민군이 해산했으니 청 및 일본의 군대에게 자국으로 철수하라고 요구했으나, 이를 받아들인 청나라와 달리 일본군은 잔류하며 경복궁을 점령하고 청일전쟁을 일으키는 등 조선에 대한 침략 야욕을 여실히 드러냈다. 이런 일본군을 몰아내기 위해 동학이 다시 일어난 것이 반외세를 주창하는 2차 봉기다. 한양으로 향하던 동학농민군은 공주 우금치에서 일본 및 관군 연합군과 맞닥뜨렸

다. 하지만 죽창, 화승총, 농기구 등을 손에 든 농민들이 기관포와 대
포 등 신식무기로 무장한 일본군에 대항하는 것은 무리였다. 1주일간
의 사투 끝에 참패를 당한 동학농민군은 이후 재봉기를 준비했으나,
지도자인 전봉준이 1894년 12월 체포되면서 2차 봉기는 실패로 돌
아가고 말았다. 고부 농민봉기로 시작해 우금치 전투까지 근 1년간 지
속된 동학농민운동은 결국 그렇게 끝났고, 전봉준은 이듬해 4월 다
른 동학 지도자들과 함께 교수형에 처해졌다.

　그런데 코로나19 이후 한국 주식시장의 개인투자가들을 왜 하필
'동학개미'라 일컬은 것일까? 약간 아이러니한 면이 있긴 하나 저항 정
신에서 그 이유를 찾아볼 수 있다. 격변의 시기에 관군, 소위 정부라
는 주체는 백성들을 보듬어주는 보호막 역할을 하기는커녕 외세와 결
합하여 그들을 탄압했고, 동학농민운동은 그에 대해 동학농민이 반
발 및 대항한 사건이었다. '동학개미운동'은 코로나19 창궐로 기관과
외국인이 마치 연합한 듯 국내 주식을 내다 파는 사태를 개인들이 일
어나 막아냈다는 점을 동학농민운동에 빗대어 붙인 이름이라고 생각
된다. 조정에 대한 신뢰가 완전히 무너져 직접 들고일어난 조선 말기
의 민초들처럼 공모펀드, 랩어카운트, 사모펀드 등에 모두 투자해봤지
만 결국 물만 먹었다고 생각한 개인들이 직접 주식시장에 뛰어들었다
는 점도 작명의 이유로 생각해봄직하다. 우연이겠지만 주식시장에서
의 관군 격인 국민연금이 전주에 있다는 점도 이런 작명과 연관하여
재미를 느낄 수 있는 포인트다.

　앞 문단 서두의 질문에서 눈치챌 수 있는 것처럼 사실 동학개미운

동이라는 용어 자체에 대한 느낌은 다소 부정적이라 생각된다. 동학개미라는 명칭에은 도저히 내가 중산층으로 살아가기 위해서 부를 축적할 방법이 없다는 절박함, 절규 같은 목소리가 담겨 있다는 측면에서 정치적 의미를 띤다고 본다. 하지만 투자자들에게 있어 자본주의 시장이라고 하는 곳은 기본적으로 투자를 잘해서 수익을 내는 것이 첫 번째 목적인 장소다. 동학농민군이 목숨을 버리면서까지 지키고자 했던 사상이나 가치보다 수익이 우선하는 아주 냉정한 곳이다. 자본시장에는 존재하지도 않는 사상을 내포하는 듯한 명칭을 붙여 군중심리 혹은 애국심을 건드리려 했던 투자들은 과거에도 존재했고, 그 모든 경우에서 개인들의 투자는 결과적으로 성공하지 못했다. 동학혁명이 현실의 세계에서는 어떻게 보면 결국 성공하지 못했다는 것까지 연결시켜볼 경우 개인적으로 개운하지만은 않은 작명이다.

왜 개인들은 동학개미가 되어야 했나?

'동학개미' '동학개미운동'이라는 신조어의 발생 배경과 그 함의에 대한 이해는 사실 크게 중요하지 않다. 무엇보다 중요한 것은 개인들이 주식시장에 직접 뛰어들게 된 계기와 환경이 있다면 무엇인지, 또 이미 들어온 시장에서 그들이 과거와 달리 '이기는 투자자'가 되려면 어떻게 해야 하는지를 알아내는 것이다. 과거에 비슷한 사례가 있다면 당시를 돌아보며 현재의 시장을 보는 통찰력을 키우는 것도 도움이 될 것이다.

그런데 별명까지 붙을 정도로 '시장을 움직이는 유의미한 세력'이 된 개인투자가들은 어떤 배경에서 등장한 것일까? 물론 저금리로 마땅한 투자처를 찾지 못한 부동 자금이 많았다는 것이 기본 요인일 것이다. 그런데 2020년에 나타난 개인들의 직접투자 열풍을 들여다보면 크게 네 가지 정도로 차별화된 이유를 찾아볼 수 있다.

첫 번째는 개인들의 학습경험이다. 1997년의 외환위기, 2008년의 금융위기 때의 경험을 통해 개인들은 위기 때마다 주식을 사면 주가가 오른다는 점을 알게 되었다. 폭락 뒤에 도래했던 반등의 추억은 코로나19로 인한 폭락장에서 개인들을 움직이게 했다.

두 번째는 정보의 비대칭성이 거의 없어진 현실이다. 과거의 개인투자가들은 기관투자가 및 외국인투자자 들에 비해 상대적으로 정보가 많이 부족했다. 후자는 증권사로부터 전용 리서치 서비스를 받고 기업탐방도 갈 수 있었으며, 많은 지분을 갖고 있는 경우엔 내부기밀에 가까운 정보에도 접근하는 것이 가능했다. 정보의 접근성 면에서 열위에 있던 개인이 그런 그들을 시장에서 이기기란 그만큼 어려운 일이었다. 하지만 지금은 상황이 많이 달라져, 기업 및 시장 관련 정보에 대한 개인투자가들의 접근성이 크게 향상되었다. 이렇게 되기까지는 어떤 정보든 검색 가능한 구글링, 그리고 과거에는 접하기 힘들었던 수많은 정보를 전해주는 유튜브 방송과 같은 뉴미디어의 활성화가 큰 역할을 한 것으로 보인다. 그리고 이런 수단들을 통해 똑똑해진 개인들은 자신 있게 직접 시장에 뛰어들었다.

세 번째 이유는 조금 슬픈 이야기로, 계층 이동 사다리의 붕괴에서 비롯된 개인들의 절망감이다. 나는 개인들이 주식시장에 많이 들어온 가장 큰 원인을 집값 상승으로 본다. 과거와 같은 일, 즉 근검절약을 기본으로 살며 성실하게 일해서 받은 월급을 저축해나가다 목돈이 되면 집을 사거나 중산층이 되는 일은 이제 불가능하다는 점을 사람들은 잘 알고 있다. 코로나19 이후 시장에 들어온 개인들 중 많은 수가 20~30대인 것, 개인들이 자금 측면에서 부동산 대비 접근성이 좋은 주식에 들어온 것 등은 모두 이런 절망감과 절실함이 발현된 결과 같다.

마지막 이유로 공모펀드에 대한 실망감을 들 수 있다. 뒤에서 좀 더 자세히 이야기하겠지만 개인들은 공모펀드를 통해 만족스러운 성과를 거두기는커녕 많은 손실을 입는 경우가 허다했다. 수많은 규제 속에서 이름만 액티브 펀드일 뿐 시장 지수도 근근이 따라갈까 말까 하는 공모펀드에 실망해 투자했던 랩어카운트에서도 개인들은 그리 좋은 결과를 거두지 못했다. 이어 증권사들이 적극 판매에 나섰던 사모펀드는 라임 사태, 옵티머스 사기와 같은 불명예스러운 이름으로 돌아왔다. 전문가들이 운용하는 시스템에 대한 신뢰도가 그렇게 추락하면서 개인들은 직접투자에 나서게 된 것이다.

'지는' 투자자였던 과거의 개인들

나는 개인들이 코로나19로 인한 급락장에서 굉장히 스마트하게 움직였다고 생각하며, 그 결과도 좋기를 진심으로 바란다. 하지만 한편으론 조금 걱정스러운 것 또한 사실이다. 냉정하게 이야기해 주식시장이라는 곳은 '이성을 중심에 세워두고 정확한 기업의 밸류에이션을 기반으로 투자 여부를 판단하여 정당하게 이익을 내는 장소' 그 이상도 이하도 아니다. 다수가 돈을 잃고 극소수만이 돈을 버는, 정글과도 같은 곳인 것이다. 그런 곳에서 '무슨무슨 운동' 같은 별칭을 붙여 사람들의 감성과 군중심리를 동원하는 방식으론 성공하기 어려운 것이 당연하다. 때문에 단기적인 승리에 취해 있기보다는 과거의 사례를 돌아보고 경각심을 가지며 보다 길고 탄탄한 성공을 향해 나아갈 필요가 있다.

바이코리아 펀드

"다시 일어서는 나라, 한국에 투자합시다. 우리 손으로, 우리 힘으로 한국을 삽시다."

"한국 경제, 외국 기업 하나만도 못합니까? 온 국민이 이룬 나라, 한국에 투자합시다. 바이코리아, 한국 경제를 확신합니다."

이런 내용의 현대증권 광고가 기억나는 독자들이 있을 것이다. 1999년 3월, 현대투자신탁은 '주식투자로 국력을 회복하자'는 캐치프레이즈와 더불어 '바이코리아'라는 펀드 하나를 들고 자본시

바이코리아 펀드 광고. (출처: 나무위키)

장에 등장한다. 때는 IMF 외환위기의 여파로 300선이 무너졌던 코스피가 조금씩 회복세를 보일 무렵이었다. 당시 IMF는 구제금융 지원의 대가로 한국 경제 전반의 체질 개혁을 요구했는데, 여러 요구 사항 중엔 '자본시장 전체를 대외적으로 개방해야 한다'는 것도 포함되어 있었다. 이 조항 탓에 당시 뉴스에서는 한국의 주식, 부동산, 기업 등을 가리지 않고 사들이는 외국 자본들에 대한 소식이 끊이지 않았다.

현대그룹은 당시 부실화된 국민투자신탁을 인수하여 현대투자신탁증권[4]으로 이름을 바꾸고, 고故 정주영 명예회장의 측근들 중 한 명이었던 이익치 현대증권 회장의 주도하에 전설의 바이코리아 펀드를 출시했다. 현대건설 출신이기도 했던 이 회장은 '2005년이면 코스피가 6,000포인트를 돌파할 것'이라는 밀어붙이기식 낙관론을 바탕으로 대대적인 애국주의 마케팅을 주도했고, 현대증권은 '외국 자본의 거대한 유입에 대항해 우리는 우리 주식을 사서 나라를 다시 일으켜야 한다'며 투자자들의 감성을 자극했다.

바이코리아 펀드의 인기는 가히 선풍적이어서 발매 첫날 2조 원이 유치됐고, 넉 달 만에 판매액은 10조 원을 넘어섰으며, 사람들은 마치 제2의 금 모으기 운동을 하는 듯 이 펀드로 너도나도 몰려들었다. 코스피지수 400선에서 설정된 바이코리아 펀드는 주가지수를 끌어올

---

4 현대투자신탁증권은 2004년 미국 푸르덴셜Prudential 금융그룹에 인수되어 푸르덴셜투자증권으로 상호가 변경되었다가 이후 2010년 6월 한화증권에 다시 인수, 합병되면서 한화투자증권으로 이름이 바뀌었다.

렸고, 초기 수익률도 좋아 설정 5개월 만에 70%에 가까운 성과를 내기도 했다. 한국투자신탁과 대한투자신탁도 각각 '파워코리아'와 '원원코리아' 펀드를 출시하며 이 분위기에 편승하려 했다. 하지만 바이코리아 펀드의 순항은 1년도 채 지속되지 못했다.

바이코리아 펀드가 출시된 후 같은 해 8월, 대우그룹이 워크아웃을 신청했다. 대우그룹의 부도를 막기 위해 당시 금융감독위원회, 즉 정부에서는 투신사들에게 대우 담보부 기업어음CP, Commercial Paper을 사도록 요구한 상황이었다. 대우 담보부 기업어음이란 대우그룹에 자금을 융통해주기 위해 대우그룹이 보유하고 있는 주식 또는 자산을 담보로 발행한 어음이었는데, 이 어음을 펀드에서 사도록 강요했던 것이다. 결과적으로 대우그룹의 워크아웃 발표는 고공 행진 중이던 펀드 수익률을 추락시켰고 증시도 함께 무너졌다. 펀드런Fund Run으로 인해 투자자금은 썰물처럼 빠져나갔고, 초기 간접투자 열풍의 참여자였던 개인들은 황당하고 고통스러운 고배를 마셔야 했다. 바이코리아는 간접투자, 동학개미는 직접투자라는 측면에서 차이가 있기는 하나 전자는 애국심을 자극했고 후자에는 군중심리가 작용했다는 점에서 이 둘은 상당히 유사한 측면이 있다.

인사이트 펀드

개인들이 군중심리로 시장에 들어왔던 두 번째 예로는 미래에셋의 인사이트 펀드를 들 수 있다. 인사이트 펀드는 바이코리아 펀드의 추락으로 한동안 휘청거렸던 국내 펀드시장이 적립식 펀드[5]로 전환점을 맞이하고 있던 2007년 11월 출시되었다. 2007년 당시 달러-원 환율은 10월 900원대를 깨기 직전까지 내려가고 있었다. 원화 강세로 마음이 급해진 정부는 이를 방어하기 위해 해외투자 펀드엔 양도세 면제 혜택을 주는 등 해외 펀드에 엄청난 드라이브를 걸었다. 정부 정책을 중심으로 하는 분위기 속에서 수많은 해외투자 펀드들이 미국에 투자하는 펀드, 유럽에 투자하는 펀드, 중국에 투자하는 펀드, 글로벌 소비재에 투자하는 펀드와 같은 형태로 우후죽순 시장에 등장했다.

이처럼 특정 국가, 특정 섹터를 겨냥한 펀드가 대부분이었던 그때 미래에셋은 다소 신선한 콘셉트의 펀드를 들고 나왔다. 쉽게 말해 '해외투자는 우리의 인사이트로 알아서 다 해줄 테니, 묻지도 따지지도 말고 우릴 믿고 투자하라'는 것이었다. 선택의 폭이 넓어지면 결정의 어려움이 따르는 인간 심리가 작용한 것일까, 아니면 적립식 펀드에 대한 신뢰와 세제 혜택, 미래에셋의 인사이트라는 3박자가 개인들의 구미에 맞았던 것일까. 미래에셋의 인사이트 펀드는 초대박이 났다. 출시 한 달 만에 수탁고 4조 원을 넘기는 기염을 토했고, 중국 주식의 편입 비중이 높았던 이 펀드는 중국 증시의 활황을 타고 오르면서 여타 펀드의 수익률을 압도했다. 판매사들은 이 펀드를 서로 팔기 위해 난

---

5 거치식과 달리 일정 금액을 정기적으로 불입하는 투자 방식. 위험이 분산되고, 지수가 떨어져도 낮은 가격에 적립하는 효과를 거둔다는 장점이 있다.

리였고, 사람들은 가입을 위해 창구에서 대기번호표를 뽑고 몇 시간을 기다리는 수고도 기꺼이 감수했다. 바이코리아 펀드처럼 인사이트 펀드 역시 직접투자가 아닌 간접투자이긴 했으나, 개인들이 군중심리로 움직였다는 점에서 오늘의 '동학개미' 및 '서학개미'와 공통적인 면이 있다 할 수 있다.

그렇다면 정부의 해외투자 펀드의 장려가 결과적으로는 정부가 바랐던 환율방어의 효과를 거두었을까? 결론부터 말하자면 그런 효과는 없었다. 해외투자를 하면 해외 자산 구입을 위해 원화를 팔고 달러를 사게 되며, 그에 따라 정부의 바람대로 원화가 약해지고 달러가 강해지는 효과가 있어야 하는 것이 맞다. 그러나 문제는 대부분의 해외투자 펀드가 환헤지Foreign Exchange Hedge를 했다는 점이다. 즉, 원화로 달러를 사고, 그 금액만큼의 달러를 다시 선물시장Futures Market이나 선도시장Forward Market에서 팔아 달러가치 하락 위험을 회피하는 장치를 걸어놓았던 것이다. 현물로 산 달러의 금액만큼 선물시장에서 다시 되팔았기 때문에 실질적으로 정부가 바라던 환율 방어의

2007년 펀드 설정액 순위

순위	펀드	운용금액
1	한국 삼성그룹 적립식 주식 1	3조 7,336억 원
2	미래에셋 인사이트 펀드	3조 3,364억 원
3	슈로더브릭스 주식형	3조 2,492억 원
4	봉쥬르차이나 주식2	3조 2,244억 원

출처: 자산운용협회

정책적 효과는 나타나지 않았다.

미래에셋의 인사이트를 믿고 들어갔던 투자자들의 운명은 이듬해인 2008년, 중국 증시의 폭락과 금융위기로 1년 만에 −55%라는 막대한 손실의 수렁에 빠져버렸다. 주식에서 깨진 펀드가 환율의 상승으로 인해 별도로 운용되던 환에서 한 번 더 깨진 결과였다. 동학농민들이 2차 봉기에서 대패했듯, 개인투자가들은 이때 또다시 크게 패하고 말았다.

랩어카운트

인사이트 펀드 탓에 개인들은 다시 한 번 펀드로 인한 나쁜 기억을 새기게 됐다. 이에 대해 증권사들은 랩어카운트라는 대안을 찾아냈다. 랩어카운트란 증권사가 고객들에게 자산 구성, 운용, 투자자문 등의 서비스를 통합적으로 제공하고, 주식 거래의 건당 수수료를 받는 대신 고객이 수탁한 금액의 규모에 따라 연간 일정 비율의 수수료를 받는 상품이다. 특히 투자자문사의 종목 추천을 받아 운용하는 자문형 랩어카운트는 2010년 증시의 키워드가 될 정도로 선풍적이었다. 소위 '차화정'이라는 용어도 이때 생겨났다. 케이원, 브레인, 레이크투자자문 같은 투자자문사들은 랩어카운트에 몰린 자금들로 차화정 주식들을 쓸어 담으며 승승장구했고, 언론에서는 이들이 탁월한 운용 실력으로 투자자문업의 지위를 한 단계 격상시켰다며 치켜세웠다.

차화정 주식이 날아오를 수 있었던 시대적 배경은 이렇다. 2008년 금융위기 이후 세계 각국의 중앙은행은 서로 공조하여 많은 돈을 통화 정책으로 풀었고, 각국 정부 또한 재정 정책을 통해 경기부양에 힘쓰고 있었다. 당시 중국의 후진타오胡錦濤 정권은 특히나 이에 적극적이었다. 중국은 각 지방정부가 기록한 경제성장률로 해당 지방정부를 평가했는데, 그러다 보니 각 지역에서는 실적 위주의 과잉투자가 일어나고 있었다. 석유, 화학, 철강 같은 중간재를 중국에 수출하던 우리나라는 그런 현상 덕에 굉장한 혜택을 보았고, 관련 주식들의 가파른 상승 역시 가능했던 것이다.

하지만 쏠림에는 반드시 반작용이 뒤따르기 마련이다. 특정 업종의 주식들을 중심으로 구성된 자문형 랩어카운트의 수익률은 이듬해 곤두박질쳤고, 투자자들의 외면을 받은 투자자문업계 역시 자연스럽게 구조조정의 수순을 밟게 되었다.

사모펀드

그 뒤를 이어 등장한 것이 중위험 중수익의 절대수익을 추구하며 헤지펀드Hedge Fund라고도 불리는 사모펀드다. 2011년 자본시장법이 시행되면서 국내에 도입된 헤지펀드는 초기 운용 규제, 정보 보고 의무, 투자금 5억 원 이상 등 공모펀드에 준하는 규제를 받은 탓에 사모펀드로서의 특징을 크게 발휘하지 못한 채 시장에서 한동안 주목받지 못했다. 이후 2015년에 사모펀드 활성화 정책이 시행되면서 사모운용사 설립은 사전 승인제에서 사후 보고제로 변경되고, 자기자본 요건이 60억에서 20억으로 완화되는 등 여러 면에서 사모펀드 운용이 용이해졌다. 그 외에도 전문인력 요건 완화, 정보 보고의 의무 완화

등을 통해 시장 진입의 허들이 낮아졌고, 기존에 5억 원이었던 최소 투자금액도 1억 원으로 하향 조정되면서 개인투자가들이 넘어야 하는 문턱 역시 낮아지기에 이르렀다. 그 결과 사모펀드 운용사의 수는 5년 만에 열두 배로 늘어나고 시장은 급성장했다.

하지만 결과적으로 사모펀드의 급성장보다 시장의 이목을 더 집중시킨 사건은 불명예스럽게도 라임 사태나 옵티머스 사태와 같은 금융 사기 사건들, 그리고 그로 인해 큰 피해를 입은 투자자들이었다. 이 두 사건만으로 5,000명이 넘는 투자자가 2조 원에 달하는 손해를 입었다고 한다.

라임의 경우 명칭은 사모펀드였으나 구조적으로는 공모펀드에 가까웠다. 해당 펀드들은 모자母子형 구조, 즉 모펀드에서 실질적으로 자금을 운용하고 자펀드는 이 모펀드에 투자하는 재간접 형태로 운용되고 있었다. 일반적으로 전문 사모펀드란 상품을 충분히 이해하고 있으며 자격을 갖춘 사람들만 참여해 자신의 책임하에 투자를 하는, 말 그대로 전문 투자자들을 위한 상품이다. 라임은 공모상품의 규제를 피하기 위해 자펀드 투자자를 50인 미만으로 모집하여 사모펀드의 형식을 취하긴 했다. 그러나 그런 겉모습과 달리 실질적으로는 동일한 펀드를 전문 투자자가 아닌 일반 투자자들에게 팔았기 때문에 실질적으로는 공모펀드에 해당했다. 이에 더해 6~12개월의 짧은 만기의 폐쇄형[6]으로 판매된 자펀드에 비해 모펀드에는 만기가 3~5년으

---

6 언제나 환매 신청을 할 수 있는 개방형과 달리 펀드의 존속 기간이 정해져 있어 그 기간이

로 훨씬 긴 자산이 편입되어 있어 투자자들의 환매 요구에 제때 응하기 힘든 구조적 결함이 있었다는 점, 부실자산에 투자하여 막대한 손실을 입었다는 점, 기존 투자자의 환매 요청에 신규 투자자의 자금을 투입하는 폰지Ponzi 사기 형태의 만행을 저지르고 이를 은폐한 점 등이 라임 사태를 키운 원인으로 지목되고 있다.

옵티머스 사태의 죄질은 더욱 나빴다. 2017년 12월에 판매되기 시작한 이 펀드는 애초부터 아예 사기를 위해 조성된 펀드라는 점에서 라임과 차이가 있다. 옵티머스 펀드는 '공공 기관의 매출채권과 같은 정부채권에 투자하여 연 3%의 안정적인 수익을 보장하는 낮은 위험의 상품'이라는 설명과 함께 증권사에서 판매되었지만, 실제로는 각종 페이퍼 컴퍼니의 사모사채와 같은 위험자산에 투자하여 결국 투자자들에게 수천억 원의 손실을 입혔다. 이런 사기가 가능했던 것은 바로 공모펀드들의 경우엔 실물대사의 의무, 즉 판매사, 수탁사, 사무관리사 들이 정기적으로 상호 검증을 하는 의무가 필수적으로 따라야 하는 데 반해 사모펀드는 관련 규제가 완화되면서 이런 의무를 가질 필요가 없다는 점을 옵티머스가 악용했기 때문이었다. 사모펀드에도 이 의무가 적용되었더라면 옵티머스 사태와 같은 사기 사건은 발생할 수 없었을 것이다. 개인적으로, 또 상식적으로 이 부분에서의 규제 완화는 도무지 이해가 되지 않는다.

현재 라임 사태와 옵티머스 사태에 대해서는 이것들이 권력형 게이

지나야만 환매가 가능한 펀드의 형태.

트가 개입된 사건인지, 아니면 단순한 금융사기 사건인지에 대한 논란과 검증이 진행 중이다. 어느 쪽이 되었든 분명한 점은 사모펀드 시장이 불완전한 규제완화 속에서 제대로 검증되지 않은 채 초고속으로, 그러나 부실하게 성장한 대가를 애먼 투자자들이 고스란히 떠안은 사례가 바로 이 두 사건이란 것이다.

이기는 동학개미운동, 자본시장의 속성을 알아야 한다

앞서 언급했듯 최근 나타나는 개인투자가들의 움직임을 동학개미라고 별명지은 것이 적절한 일인지는 모르겠다. 펀드매니저, 자산운용사의 CIO, CEO 그리고 공무원연금의 CIO로서 자본시장에 참여하면서 보낸 지난 30년을 돌아보면, 군중심리로 시장에 참여해서 그 끝이 좋았던 적이 없었다. 오히려 과거의 애국 마케팅처럼 군중을 이용하는 측면이 있었다. 군중심리를 이용해 동학이라는 이름을 붙여 묶어놓으면 손실을 입더라도 뭔가 애국심 같은 느낌으로 위안을 삼아야 할 것 같고, 주식을 팔고 나오면 동학개미운동을 이탈하는 배신자 같은 느낌이 들 수도 있다.

이미 언급한 바 있듯 동학농민운동은 성공하지 못했다. 동학농민들이 대항했던 당시 일본군은 국제정세가 돌아가는 판을 읽고, 어떻게 하면 거기에 끼어들어 이익을 얻을 수 있을지에 대한 계산을 이미 끝내고 현대식 무기들로 중무장까지 하고서 들어오는 세력이었다. 동학농민운동에 참여하는 사람들의 뜻은 좋았다. 기개, 헌신적인 마음, 인간에 대한 존중 및 평등은 시간이 지나도 그 가치가 변하지 않는 고귀한 정신이니 말이다. 다만 그들에겐 국제정세가 돌아가는 상황도, 상대가 들고 들어오는 무기에 대해서도 알지 못했다는 치명적 약점이 있었다.

자본시장도 동학농민들이 뛰어든 전쟁터와 비슷하다. 이번에 동학개미들은 과거와 달리 자본시장에서 살아남고 성공하면 좋겠다. 개인투자가들의 장점은 몸이 가볍다는 것이다. 그들에게 적용되는 규제의 제약도, 그들이 따라야 할 내부 규정도 없기 때문이다. 몸이 무거운 기관들과 달리 개인투자가들은 그래서 시장이 큰 변동성을 보여도 게릴라전을 치르듯 그에 유연히 대처할 수 있고, 시장을 이해할 수 있을 뿐 아니라 제대로 무장만 되면 충분히 이길 수도 있다고 생각한다. 주식투자는 집단으로 하는 일이 아니기에 군중 속으로 들어가서는 시장에서 돈을 벌 수가 없다. 투자는 고독한 늑대처럼 홀로 하는 것이다. 자기만의 방식을 가지고 홀로 싸워야 이길 수가 있다. 이 전쟁터 같은 자본시장에서 당하지 않고 살아남기 위해서는 상대방을 알고 전체적인 판을 읽는 능력이 필수불가결하다.

그러기 위해서는 미스터 마켓Mr. Market을 알아야 한다. 삼성전자라는 국내 기업의 주식을 사는 것도 결국은 전체적인 글로벌 매크로 환경하에서 비즈니스를 하는 기업의 주식을 사는 것과 같다. 그러므로 투자 결정에 앞서 그 시장에 대한 이해, 즉 글로벌 시장의 흐름을 읽는 시야를 먼저 갖춰야 한다. 이런 점에서 필자는 톱다운Top Down[7]이 없는 바텀업Bottom Up[8]이란 존재할 수 없다고 생각한다. 그런 시야와 더불어 대한민국 자본시장의 흐름, 주식이 갖는 모든 속성에 대한 이해를 탑재한 투자자라면 그 시장에서 제대로 플레이할 수 있을 것이다. 제대로 판을 읽고 이기는 투자를 해보자.

---

7 하향식 분석 및 투자 방식. 투자 결정을 내림에 있어 먼저 거시경제 환경을 파악한 뒤 유망 산업을 분석하고 그 결과를 바탕으로 종목을 선정한다.
8 상향식 분석 및 투자 방식. 톱다운과 반대되는 개념으로, 산업 및 매크로 환경에 대한 분석보다 기업의 내재가치에 대한 분석이 선행한다.

2장

시장의 속성

STOCKMARKET

01

금리,
모든 자산 가격의 출발점

경제는 안 좋은데 주가는 왜 오를까?

2020년 한 해 동안 3차까지 이어진 코로나19 대유행을 지나면서 한국뿐 아니라 전 세계 국가들 대부분은 경제에 큰 타격을 입었다. 한 집 걸러 한 집꼴로 휴·폐업한다는 소상공인들의 어려움은 말할 것도 없거니와, 기업들 역시 전년 대비 마이너스 실적을 기록했다.

하지만 주식시장의 분위기는 달랐다. 코로나19 발생 초기 한 달 동안 급락한 코스피 지수는 두 달간 빠르게 그 손실을 상쇄했다. 이후 잠시 숨고르기를 하는 듯싶더니 다시 속도를 내서 반등하길 반복했고, 연말에 이르러선 사상 최고치를 여러 번 경신하기까지 했다. 2020년 3월 중순 이후 추세가 상승하는 주가를 보며 시장 참여자들은 중간 중간 "이젠 눈높이를 낮춰야 할 때"라고 주장하는가 하면 "호재는 시장에 이미 반영되었으니 쉬어갈 때가 왔다."고도 했다. 하지만 '주가는 의심의 벽을 타고 오른다.'라는 증시 격언처럼 시장은 보이지 않는 무언가를 타고 오르며 큰 조정 없는 등반을 지속했다. 체감하는 경기는 좋지 않은데 주가가 계속 올라가는 이 현상은 어떻게 이해해야 할까? 여러 이유가 있겠지만 크게 두 가지로 설명할 수 있다.

첫 번째는 양적완화, 즉 시장에 돈이 너무 많이 풀렸다는 점이다. 일례로 2008년 금융위기 이전에 미국 연방준비제도FED, Federal Reserve System, 즉 미국의 중앙은행은 대차대조표상으로 약 1조 달러의 자산을 가지고 있었는데, 금융위기를 겪고 그 이후 약 10년간 이 자산은 4.5배 정도 늘어났다. 이는 그만큼 시장에 돈이 많이 풀린 것으로 해석될 수 있다. 연준의 자산이 늘어났다는 점은 미 연준이 시장에서 그만큼 채권이나 주식 등 자산을 매입했다는 것, 그리고 그만큼의 돈이 시장에 풀린 것을 의미하기 때문이다. 그러나 코로나19 사태로 미국은 2008년 금융위기 이후 10년 동안 풀었던 돈을 1년도 안 되는 시간 동안 시장에 쏟아부었다. 시장에 풀린 돈의 규모가 얼마나 컸는지, 그리고 그 속도가 어느 정도로 빨랐는지를 가늠해볼 수 있는 부분이다.

두 번째는 금리가 너무 낮다는 점이다. 특히 모든 자산 가격의 출발점인 금리라는 요인이 지속적인 주가 상승의 가장 큰 배경이 되었다고 생각한다. 금리는 어떻게 자산 가격에 영향을 미치고, 코로나19로 인한 글로벌 초저금리 기조는 어떻게 시장을 밀어 올리는 것일까?

미국 연방준비제도의 자산 변동 추이

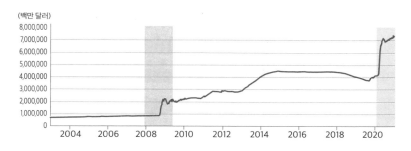

　금리에도 단순하게 한 가지만 있는 것이 아니다. 통상 무위험 수익률이라고 하는 국채 수익률도 있고, 여기에 각 기업의 리스크 프리미엄을 더한 회사채 수익률도 있다. 이런 여러 가지 금리의 출발점이 되는 금리가 바로 기준금리다. 기준금리란 이름 그대로 국내 모든 금리의 기준이 되는 금리로, 각국의 중앙은행에 의해 결정된다.[9] 우리나라의 경우 한국은행의 금융통화위원회에서 연 8회 회의를 통해 결정, 발표하고 있다.

　한 나라의 여러 금리가 기준금리를 출발점으로 삼듯, 세계 각국의 기준금리도 한 가지 요소를 출발점으로 삼는다. 바로 세계 기축통화인 달러의 나라, 미국의 기준금리Federal Funds Rate가 그것이다. 미

9　우리나라 기준금리가 대상으로 삼는 금융상품은 만기 7일짜리 환매조건부채권RP, Repurchase Agreements이다. 참고로 RP는 중앙은행이 시중은행과 자금을 주고받을 때 이용하는 수단이다.

국 연방준비제도가 연방공개시장위원회FOMC, Federal Open Market Committee 정례회의를 통해 기준금리[10]를 동결, 인하, 또는 인상하기로 했다는 뉴스는 우리도 주기적으로 접할 수 있다. 코로나19 이전 미국의 기준금리는 1.75% 수준이었다. 유럽중앙은행ECB, European Central Bank이 2014년 6월 저성장과 디플레이션 위험에 대비하기 위해 마이너스 정책금리를 적용해오고, 일본중앙은행BOJ, Bank of Japan 역시 2016년 1월부터 마이너스 금리를 도입한 후 유지해온 것에 비하면 양호한 수준의 금리였다. 하지만 그 또한 코로나19 확산을 계기로 공격적 인하를 통해 0~0.25%로 대폭 낮춰졌다. 금리밴드로 표현되지만 사실상 제로 금리라 해도 무방한 수준이다.

금리는 주식의 가격에 영향을 미친다. 삼성전자를 예로 들어보자. 8만 원이라고 하는 현 삼성전자의 주가는 이론적으로 봤을 때 여러 계산 방법이 있겠지만, 기본적으로 삼성전자가 미래에 계속 벌어들이는 이익의 함수다. 한 기업의 이론주가란 전문용어로 현금흐름CF, Cash Flow이라고 표현하는 미래이익을 적정한 할인율Discount Rate로 할인한 현재가치다. 쉽게 말해 향후 삼성전자가 일정 수준의 돈을 벌어들일 것으로 예상되는데, 그것을 현재 시점으로 당겨온다면 주당 어느 정도의 가치가 되는지를 계산한 것이 현재의 이론주가인 것이다.

---

10 미국의 기준금리인 연방기금금리Federal Funds Rate는 은행 등 예금을 취급하는 금융기관이 연준에 예치하는 지급준비금 조건을 충족하기 위해 상호간에 1일간 조달 또는 대출 시 적용되는 금리다. 또한 FOMC 정례회의는 통상 7주 간격으로 연 8회 열린다.

주요국의 기준금리 현황

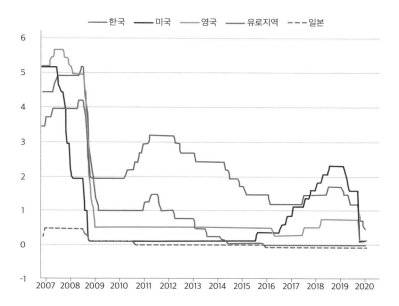

출처: BIS

　그러므로 현재의 주가를 결정하는 제일 중요한 요소는 두 가지다. 하나는 현금흐름, 즉 기업이 벌어들이는 돈이고 다른 하나는 할인율, 즉 그 현금흐름을 현재가치로 할인하는 비율이다. 할인율은 통상 무위험 이자율인 국채수익률이 될 수도 있고, 아니면 기준금리일 수 있는 금리에 개별 기업의 리스크 프리미엄을 더한 정도로 간단하게 설명할 수 있다. 주가를 계산하는 방정식에서 현금흐름은 분자에, 그리고 현재가치로 할인하는 할인율은 분모에 들어가게 된다. 따라서 현금흐름이 일정하다는 단순화된 가정하에서 금리가 오르면 주가에는 하락 압력이 가해지고, 금리가 하락하면 주가에는 상승 압력이 가해지는 것이다. 코로나19 이전엔 1.25% 수준이었던 한국 기준금리가 0.5% 수준으로 낮아진 점은 주가를 끌어올리는 배경이 되고 있다. 물론 이는 한국 시장에만 국한되는 이야기가 아니다.

금리는 주식 가격뿐 아니라 부동산, 금과 같은 실물자산의 가격을 결정하는 데 있어서도 중요한 역할을 한다. 최근 몇 년간 우리나라에서 아파트 등의 부동산 가격이 많이 오른 원인은 정책 면에서의 실패에서도 찾을 수 있겠지만, 근본적인 바탕에는 낮은 금리가 자리하고 있다. 앞서 주식의 경우에서 볼 수 있었던 것처럼 금리가 낮아지면서 내려간 할인율은 대부분의 자산 가격들을 밀어 올리는데 실물자산도 예외는 아니다. 낮아진 금리는 사람들의 저축의지를 약화시킨다. 은행에 예금을 한다는 것은 결국 현재 소비하고 싶은 욕망을 미래의 소비를 위해 뒤로 미루는 것이고, 금리는 현재의 소비를 참는 것에 대한 일종의 대가라 할 수 있다. 그런데 금리가 점점 낮아진다는 것은 곧 현재의 소비를 참아내는 대가를 점점 더 쳐주지 않는다는 뜻이다. 따라서 사람들은 저축보다는 현재의 소비나 투자에 더 많은 비중을 두게 되고, 이렇게 증가하는 현재 지출은 자산의 가격을 끌어올리는 요인이 된다.

금리가 실물자산의 가격에 미치는 영향은 화폐의 기능과도 연결하여 살펴볼 수 있다. 화폐가 갖는 대표적 기능으로는 교환 매개로서의 기능, 지급 결제의 기능, 가치 척도의 기능, 가치 저장의 기능 등이 있는데, 그중 가치 저장의 기능에 관심을 가질 필요가 있다. 가령 배추 농사를 짓는다고 생각해보자. 배추는 수확 이후에 보관 비용도 들 뿐 아니라 시간이 지나면 부패하기 때문에 계속해서 마냥 쌓아둘 수가 없다. 그렇기에 이럴 때는 배추라는 물품의 가치를 전환하여 저장할 수 있는 화폐의 기능이 매우 중요해진다. 하지만 내가 이렇게 배추의 가치를 전환하여 화폐로 갖고 있는데, 금리 하락으로 인해 그 화폐의 실질가치가 계속해서 떨어진다면 어떻게 될까? 은행에 돈을 예금해두었는데 그 돈이 벌어들이는 금리가 물가상승률보다 낮다면 실질이자율은 마이너스가 된다. 즉, 시간이 갈수록 내 돈의 실질적인 가치가 떨어진다는 의미인 것이다. 이는 사람들로 하여금 화폐를 들고 있게 할 유인을 약화시고, 결국은 낮은 이자를 포기하고 화폐 대신 주식이나 부동산과 같은 자산으로 자금을 이동시키게 한다. 금값이 상승했던 이유도 여기에서 찾아볼 수 있다. 달러와 금은 흔히 안전자산으로 여겨지는데, 둘 중에서도 과거에는 이자가 붙는 달러가 금보다 선호되었다. 하지만 낮은 금리 탓에 달러가 별 이자를 주지 않는 상황이 이어지자 시중의 자금은 미국이 계속 찍어내서 불안한 달러보다는 본질가치를 가지고 있는 금으로 몰렸던 것이다.

금리와 환율의 관계

앞서 이야기한 주식과 실물자산뿐 아니라 환율 또한 금리가 미치는 영향에선 예외가 될 수 없다. 코로나19 초기, 안전자산에 대한 선호 현상으로 급등했던 달러의 가치는 시간이 지나면서 약세로 방향을 전환했다. 2008년 금융위기 이후 80~100 사이의 박스권에서 움직이던 달러인덱스[11]는 2020년 말 90 수준으로 코로나19 이전 고점 대비 10%가량 절하됐다. 이런 달러 약세는 달러인덱스 통화 바스켓에 포함된 주요 선진국 통화 대비로만 국한되지 않았다. 한국 원화와의 환율을 놓고 보더라도 마찬가지였다. 코로나19 사태 초기에 1,200원 수준까지 올랐던 달러-원 환율은 2020년 말로 가면서 1,080원 수준으로 떨어졌다.

이런 달러 약세의 기저에는 역시 코로나19로 인한 미국의 공격적인 기준금리 인하가 있다. 금리라는 것은 해당 화폐의 가치를 나타내는 척도로서의 의미도 갖는다. 다른 통화 대신 달러를 보유하고 있다면 그에 대한 대가를 받는데 그것이 곧 금리인 것이다. 코로나19로 기준금리를 인하하기 직전인 2019년에는, 유럽 및 일본과 같은 주요 국제결제 통화국의 금리가 마이너스인 상황에서 1.75% 수준의 기준금리로 상대적으로 우위에 있던 달러였다. 하지만 제로금리 수준의 금리로 인해 달러만이 강해야 하는 이유가 사라진 것이다. 금리인하는 달러를 보유함으로써 얻는 상대적 이익을 줄여 달러의 가치를 그만큼 낮게 한다.

그러나 이러한 달러 가치의 움직임과 달리 위안화는 지속적인 강세를 보였다. 그 배경에는 미국의 압력, 자본시장의 대외 개방을 통한 달

---

11 선진국 여섯 곳의 통화 대비 미국 달러의 평균적인 가치를 나타내는 지표다. 6개국 통화는 유로, 일본 엔, 영국 파운드, 캐나다 달러, 스웨덴 크로나, 스위스 프랑이다. 각 통화 비중은 해당 국가의 경제 규모에 따라 결정된다.

러 유입, IMF의 특별인출권SDR, Special Drawing Right 통화바스켓[12]에 편입시키며 위안화를 국제통화로 만들려는 중국의 노력 등 여러 이유가 있을 것이다. 하지만 가장 큰 바탕이 되는 것은 역시 제로금리에 근접해 있는 대부분의 다른 국가들에 비해 중국의 금리가 높다는 점이다. 중국에서 기준금리와 유사한 기능을 하는 1년 만기 대출우대금리LPR, Loan Prime Rate는 2020년 연말 기준 3.85%였다. 또 중국 정

달러인덱스 및 달러-위안 환율 추이

출처: Yahoo Finance

---

12 IMF 가맹국이 국제수지 악화 시 담보 없이 필요한 만큼의 외화를 인출할 수 있는 권리 또는 통화. SDR 통화바스켓에 포함된 통화들은 보통 외환보유액 자산으로 인정되는 국제 준비통화로서의 지위를 확보했다는 의미를 갖는다. 현재 해당바스켓에는 달러화, 유로화, 위안화, 엔화와 파운드화가 편입되어 있다.

부의 10년 만기 국채 수익률은 3.3% 수준으로 0.9% 정도인 미국의 10년 만기 국채 수익률과 비교할 때 그 차이가 상당한데, 이런 금리 격차는 환율 결정에 큰 영향을 준다.

이처럼 금리는 2020년 한 해를 대표하는 질문, 즉 "경기는 나쁜데 주가는 왜 오르는 건가요?"라는 물음에 대한 답이라 할 수 있다. 금리는 주식과 환율뿐 아니라 부동산, 금, 은, 구리와 같은 실물자산 등 모든 자산들의 가치를 평가하는 데 있어 기초가 된다. 한국은행이나 미국 연준의 금리 결정 내용이 발표될 때마다, 또 그 기관들의 수장이 기자회견에서 하는 말 한 마디 한 마디에 시장이 촉각을 곤두세우는 데는 모두 이런 이유가 있다.

경기회복과 고용창출을 위한 제로금리와 양적완화, 그 이면은?

경기 사이클과 금리는 대체적으로 함께 움직인다. 코로나19처럼 경제에 충격을 주는 요인이 등장하면 금리를 낮추고 유동성을 확대하는 양적완화가 가동된다. 위축된 실물경제에 돈이 좀 더 원활히 돌게 하게끔 만들기 위한 대응이다. 돈을 갖고만 있지 말고 소비든 투자든 해서 쓰라는 의도인데, 그렇다면 그 결과는 어떻게 나타날까? 소비와 투자가 실제로 의미 있게 늘어나 경기의 혈색을 되찾아줄까?

2008년 금융위기 이후 2019년까지 10년이 넘는 기간 동안 세계 각국은 금리를 낮추고 돈을 풀었다. 하지만 안타깝게도 그 의도에 따라 소비나 투자로 돈이 유의미하게 흐르는 모습은 찾기 어려웠다. 금리인하에 힘입어 소비나 투자가 아예 발생하지 않았다 할 수는 없으나, 그보다는 돈이 부동산 혹은 주식시장으로 들어가 결과적으론 자산 가격의 버블을 형성하는 부정적 측면이 더 많았던 것이다. 그 이유는 무엇이었을까?

소비나 투자를 활성화하려는 궁극적 목적은 결국 일자리 증가에 있다. 소비나 투자가 늘어남에 따라 경제가 회복되면 고용이 창출될 테고, 그 덕에 삶의 안정감을 얻은 개인들은 다시 소비를 할 것이며, 그 결과 실물경제가 선순환하면서 사람들이 행복해지지 않을까 하는 생각인 것이다. 물가가 오른다 해도 사람들의 가처분 소득이 증가하여 수요가 견인하는 건강한 인플레이션Demand-Pull Inflation이 정책 당국의 의도일 것이다. 사실 이런 효과가 전혀 없었던 것은 아니다. 다만 문제는 효과보다 부작용이 더 크게 나타났다는 점이다.

앞서 이야기했듯 2008년 금융위기 이후 각국이 시행한 금리인하 및 양적완화로 인해 시장에는 막대한 돈이 풀려나왔다. 그러한 정책으로 대부분의 국가는 미미하게나마, 또는 어느 정도 경제에 활력이 돌았으나 공통적으로 자산 가격이 가파르게 상승했다는 점을 보였다. 시장에 풀린 돈은 투자 확대나 임금의 증가를 통해 일반 사람들의 주머니로 들어가는 대신 금융기관으로 흘러가 자산시장으로 넘어갔고, 그래서 실질적인 소득으로 연결되기보다는 자산 인플레이션으로 직결되었다. 일본이나 유럽 국가들에선 정부가 기대했던 만큼의 경기부양은 없었음에도 부동산 및 주식의 가격은 크게 올랐다.

국회예산정책처의 분석 자료[13]에 따르면 주택 가격 상승세는 대도시를 중심으로 두드러지게 나타나 2010~2019년 독일의 7대 주요 도시는 110.6%, 런던은 71.1%, 파리와 도쿄는 각각 62.7%와 30.7%의 상승세를 보였다 한다. 우리나라, 특히 서울에서도 아파트 가격이 상상을 초월하는 수준으로 올랐음을 모르는 이는 없을 것이다. 미국의 S&P500 지수와 나스닥 지수 또한 2008년 금융위기 이후 각각 다섯 배와 열 배로 상승했다.

　이렇듯 금리인하와 양적완화는 결과적으로 실물경기의 회복보다는 자산 가격의 급등을 불러왔고, 궁극적으론 빈부 격차를 재차 확대시키는 결과를 초래했다. 자산을 보유한 이들과 그렇지 못한 이들 사이의 격차가 한층 더 벌어진 것이다. 몇 년간 임금이 올랐다 해도 주택 가격은 그와 비교할 수 없이 뛰어버린 탓에, 찔끔 오른 임금으로 내 집을 장만한다는 건 꿈같은 이야기가 되어버렸다. 금리인하와 유동성 확대를 통한 통화 정책이 자산시장의 버블을 만드는 데는 도움이 될지언정 일반 서민들의 삶에 실질적으로 도움이 되진 않을 거라는 회의적 시각이 있을 수밖에 없는 이유다.

---

13 김상미, 〈글로벌 유동성 증가에 따른 주요국의 주택가격 추이와 시사점〉, 국회예산정책처, 2020.8.24.

금리가 올라가면 자산 가격은 어떻게 움직일까?

지금까지 살펴본 것은 금리가 내려가는 국면에서 자산 가격이 보이는 움직임이었다. 그렇다면 이젠 그와 반대되는 양상, 즉 금리가 올라가는 경우 자산 가격은 어떻게 움직일지에 대해 살펴보자.

주가의 대세 상승과 대세 하락이 있다는 측면에서 봤을 때, 주식시장은 일정한 사이클을 따라 움직인다. 우선 팬데믹 발발과 같은 사건으로 인해 경기가 나빠지는 국면이 오면 정부는 금리를 낮추고 시장에 돈을 푸는 금융완화책을 시행하고, 그에 힘입어 주가는 상승하기 시작한다. 향후 경기가 나아질 것이라는 투자자들의 기대감 덕에 그에 선행하여 올라가는 것이다(이런 장세를 흔히 유동성 장이라고 하는데 우라가미 구니오[14]가 '금융장세'라 표현한 국면도 이에 해당한다). 이렇게 시장에 풀린 돈들은 큰 이변이 없으면 주식과 부동산 같은 자산의 가격을 상승시키고, 그에 따라 부가 늘어난 이들은 자산 효과Wealth Effect에 의해 소비를 늘리게 된다. 이렇게 개인들의 소비가 증가하니 향후 경기가 좋아질 것이라 판단하는 기업들은 투자를 늘리는데, 이것이 실제 경제 개선으로 이어짐에 따라 이익도 증가한다. 따라서 주가는 이를 반영하면서 한 번 더 상승하는 움직임을 보이는데 이 국면을 실적장세라 한다. 그리고 이 시점에서 중앙은행은 완화 정책을 줄여나가기

---

14 우라가미 구니오는 금리, 실적, 주가 변수를 활용해 증시를 금융장세(봄), 실적장세(여름), 역금융장세(가을), 역실적장세(겨울) 같이 사계절로 구분했다.

시작한다. 경제가 어느 정도 살아난 이 단계에선 물가가 인상될 개연성도 높아지기 때문이다.

중앙은행이 제일 먼저 하는 것은 통화 정책 측면에서 양적완화를 줄이는 일이다. 예전엔 시장에 돈을 풀기 위해 채권을 사들였으나 이젠 점차 그 양을 줄이고, 거꾸로 채권을 발행하여 시중의 돈을 끌어다 담는 것이다. 그다음엔 금리를 인상하기 시작한다. 통상적으로 이 시점은 대개 경기가 회복되는 시기와 맞물리기 때문에, 이러한 금리 인상의 움직임은 주식시장에 나쁘게 작용하지 않을 뿐 아니라 오히려 경제가 좋아지는 신호로 받아들여진다. 그러나 여러 차례의 금리 인상으로 유동성이 축소되면 시장은 부담을 느끼기 시작하고, 펀더멘털에 약간의 하강 시그널이 나와도 주가가 곧장 급락해버리는데, 바로 이 시점을 일컬어 역금융장세라 한다. 주가 급락에 따라 경기도 하락하고 기업들의 실적, 즉 수익성도 악화되기 시작하는 국면인 것이다. 주식시장은 대체로 이상과 같은 네 개의 큰 국면들을 반복하며 움직인다.

주식시장에 좋은 금리 인상, 나쁜 금리 인상

2020년 한 해 동안 드라마틱한 급락과 급등을 경험한 시장 참여자들은 향후 주식시장의 향방에 대한 예측에 열을 올린다. 2021년을 긍정적으로 보는 사람들은 2020년 유동성 장세를 지나 본격적인 실적 장세로 돌입할 것이라고 본다. 반면 비관적으로 보는 사람들은 실적 장세로 넘어가기에는 경제 펀더멘털의 개선이 부족하다고 생각한다.

시장의 움직임을 미리 예상해보며 그것을 향후 투자의 기준으로 삼는 것은 어느 정도 필요한 일이지만 미래를 정확히 예측해 투자 포지션을 잡는다는 것은 사실 불가능한 일이다. 지금의 주식시장이 앞으로도 계속해서 유동성 장에 머무를지, 아니면 실적장세로 넘어갈 것인지 등은 시간이 지나야만 정확히 파악할 수 있기 때문이다. 인간으로서 가능한 일은 그저 시장에 대응하는 것뿐이다. 따라서 우리는 금리가 지금과 같은 인하 시기를 지나 인상 시기에 돌입할 때 시장 상황을 잘 파악하고 대응하는 기초 체력을 미리 길러나가야 한다.

코로나19로 내려갔던 금리는 언젠간 다시 상승하는 구간에 진입할 것이다. 여기에서 이야기하는 금리는 기준금리가 아닌 시장에서의 금리임을 미리 말해두어야겠다. 이 두 가지를 구분하는 이유는 기준금리와 시장금리가 반드시 같은 방향으로 움직이는 건 아닐 수도 있기 때문인데, 그 대표적인 예가 그린스펀 수수께끼Greenspan's Conundrum다. 2000년대 중반 미국에서는 중앙은행인 연준이 기준금리를 올렸음에도 시장금리는 오히려 떨어지는 기이한 현상이 나타났는데 그것이 바로 그린스펀 수수께끼다. 시장 참여자들은 물론이고 당시 연준 의장이었던 앨런 그린스펀Alan Greenspan조차도 그 이유를 몰랐기에 붙여진 명칭이었다. 이후 2008년에 금융위기가 터졌고, 결과론적으로 보자면 그 사태가 시장에 선반영된 것이 그린스펀 수수께끼가 아닐까 하는 의견도 있다. 이렇듯 중앙은행이 기준금리를 올리더라도 '향후 경기가 나빠질 수 있다'는 분위기가 시장에서 우세한 경우, 또는 향후 금융시장에 뭔가 위험신호가 나타날 것 같다는 예상이 힘을 얻는 경우엔 시장의 장기금리가 기준금리와 반대로 낮아지는 현상이 나타날 수 있다.

시장금리의 상승은 크게 두 가지로 나누어볼 수 있다. 하나는 주식시장에 좋은 금리 상승이고, 다른 하나는 그 반대인 나쁜 금리 상승이다. 좋은 금리 상승이란 실제로 경기가 살아나 투자가 증가하고 자금 수요 또한 늘어나 금리가 상승하는 현상으로, 이는 실적장세의 전형적인 모습에 해당하며 주식시장에도 긍정적으로 작용한다. 그에 반해 나쁜 금리 상승은 경기가 과열되어 정책 당국이 의도적으로 금리를 올리고, 이를 시장에서 감당하기 버거워하는 경우를 말한다. 이런 금리 상승은 주식시장에도 부정적인 영향을 미친다.

특히 코로나19 이후 걱정스러운 것은 주식시장에 부정적 영향을 미치는 금리 상승이다. 코로나19 사태를 겪으면서 정부는 위기극복을 위해 재정 정책을 늘렸는데, 재정 정책은 정부에 돈이 있어야만 가능하다. 그리고 정부가 갖는 돈의 원천은 크게 두 가지다. 하나는 세금을 걷는 것이고, 다른 하나는 국채 발행으로 돈을 빌려 세금으로도 채울 수 없는 부분을 충당하는 것이다. 지금처럼 경기가 안 좋은 시기에는 세금으로 재정 수요를 충당하는 데 한계가 있으므로 정부는 국채 발행을 통해 부채를 늘릴 수밖에 없다. 이렇게 늘어난 국채 발행 물량을 시장이 수요와 공급에 의해 소화하지 못할 경우엔 결국 금리가 올라갈 수 있다. 그에 더해 최근처럼 경제가 충분히 회복되지 못한 상황에서 구리, 철광석, 곡물, 유가 등 원자재의 가격이 많이 오르면 비용 상승에 의한 물가 상승Cost-Push Inflation 현상이 발생할 수 있다. 이런 상황에선 금리도 따라서 올라갈 수밖에 없는데 이 역시 주식시장에는 부정적으로 작용한다.

지금까지 금리는 주식이나 부동산 등의 실물자산에 긍정적으로 작용했다. 당분간 크게 부정적으로 작용할 여지는 좀 작아 보이지만 잠재적인 리스크에 대해서는 파악해두어야 할 필요가 있다. 각국 정부가 발행하는 국채 물량이 늘어난 것에 따른 금리 상승, 시장의 유동성이 풍부해 원자재 가격이 오르고 그 결과 발생한 비용 상승 인플레이션에 의한 금리 상승은 리스크 요인에 해당한다. 때문에 투자자들은 이를 염두에 두면서 가능성은 낮아 보이지만 혹시 모를 시장하락에도 대응할 준비를 해나가야 한다.

02

달러를 알아야
주식시장이 보인다

주식에 투자하려 하는데 왜 달러를 이해해야 한다는 것일까? 환율 또는 달러 표시 자산에 대한 투자를 하는 경우라면 달러와의 연관성을 직관적으로 유추해볼 수 있을 것 같다. 하지만 주식, 그것도 미국 주식이 아니라 원화로 표시된 국내 주식을 전망하고 투자하는데 왜 타국의 화폐인 달러를 알아야 한다는 것인지는 언뜻 잘 이해되지 않는다.

자산의 가격은 기본적으로 펀더멘털과 유동성이라는 두 가지 요소에 의해 좌우된다 할 수 있다. 펀더멘털은 특정 자산이 갖고 있는 고유의 가격 결정 요인이나 경제 상황 등이고 유동성은 투자 행위의 지불 수단이 되는 화폐가 시장에 풀린 정도를 뜻하는데, 이 두 요소에 따라 특정 자산의 가격이 올라가거나 내려가기 때문이다.

현재 글로벌 자본시장의 편제에서 가장 기준이 되는 화폐, 즉 기축통화는 달러다. 그리고 시장에서 흔히 말하는 유동성의 출발점 또한 달러 유동성을 지칭한다. 전 세계 자본시장은 복잡하게 얽히고설킨 상태로 자본의 흐름이 자유롭게 이루어지게끔 구조화되어 있기 때문에 하나로 통합되어 있는 상태와 다를 바 없다. 따라서 전 세계와 아무런 교류 없이 완벽하게 폐쇄된 국가가 아니고서야 기축통화인 달러의 흐름에 역행한다는 것은 사실상 불가능하다.

이렇듯 전 세계 자산은 달러의 움직임에 영향을 받는 구조 안에 존재하고 있기에 달러를 이해해야 글로벌 유동성을 파악할 수 있고, 글로벌 유동성을 이해해야 유기적 구조 속에 자리하는 한국의 주식도 이해하고 전망해볼 수 있다. 시장을 보는 눈을 키우려면 달러에 대한 학습을 반드시 선행해야 하는 이유다.

브레튼우즈 체제의 개막
: 기축통화로서 달러의 등장

기축통화로서의 달러에 대해서는 여러 다른 책들을 비롯하여 이미 많은 곳에서 이야기됐기 때문에 자본시장에 관심 있는 독자라면 그 내용을 어느 정도 파악하고 있을 것이다. 그럼에도 달러는 시장에서 활동하는 데 있어 필수 과목에 해당하므로 다시금 상기시키는 차원에서 이를 짚고 넘어가려 한다. 달러는 역사적으로 어떻게 기축통화가 되었고 국제 결제통화로 발전하여 현재와 같은 통화 패턴을 갖게 되었을까?

달러가 전 세계 기축통화로서의 지위를 본격적으로 갖게 된 것은 제2차 세계대전 이후의 일이다. 그러나 그 출발점은 한창 전쟁 중이었던 1944년 7월 당시 미국 뉴햄프셔주 브레튼우즈에서 개최된 국제연합 통화금융회의United Nations Monetary and Financial Conference였다. 후에 브레튼우즈 회의라 불리게 되는 이 회의에는 전쟁에서의 승리를 확신한 44개 연합국 대표들이 참석했다. 제2차 세계대전이 끝을 향해 가고 있던 당시 전 세계는 전후의 경제 재건과 이로 인한 채무 부담으로 제1차 세계대전 이후에 그랬듯 국제 경제에 위기가 초래될 가능성을 우려하고 있었다. 이를 사전에 예방하려는 목적으로 연합국 대표들은 국제통화제도의 개혁을 논의하기 위해 브레튼우즈에 모였고, 이곳에서 전후 국제 경제의 질서를 결정하는 몇 가지 중요한 사안들을 결정하게 된다. 그중 가장 대표적인 사안이 바로 미국 달러를 기축통화로 설정하고, 달러를 기준으로 각국의 환율을 정하는 고정환율제를 수립하는 것이었다. 기준이 되는 1달러에 대해 영국 파운드의 경우 2.8파운드, 독일 마르크화의 경우 4.2마르크와 같이 각국의 화폐가치를 정해놓자는 것이었다.[15]

하지만 이렇게 달러만을 기준으로 하는 고정환율제만 운용하면 달러라는 종이 화폐에 대한 신용은 무엇으로 확보될 수 있는가 하는 문

---

15 원칙적으로는 상하 1% 범위 내에서 조정이 가능하며, 국제수지의 근본적인 불균형이 있는 경우에만 예외적으로 그 이상의 변동을 허용하였다.

브레튼우즈 체제하에서의 통화 질서

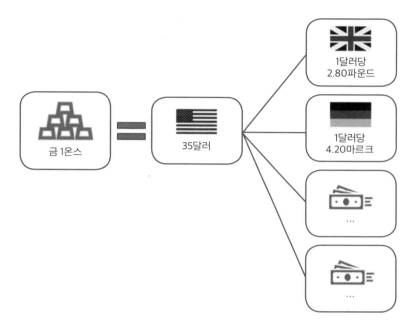

제가 생길 수 있다. 이에 따라 달러의 가치를 보증하는 장치가 필요해졌고, 그 수단으로 금이 등장하게 되었다. 달러의 가치를 금과 연결하여 순금 1온스당 35달러로 가격을 고정하고 금태환을 보장함으로써 달러에 대한 신용 문제를 해결한 것이다. 이렇게 브레튼우즈 회의에서 구축된 금융/통화 질서는 기본적으로 미국 달러에 대한 금환본위제이자 고정환율제였고, 이는 향후 달러 패권의 시발점이 되었다.

사실 초국가적 통화에 대한 제안을 들고 회의장에 들어선 이는 영국 대표로 참석했던 당대 최고의 경제학자 존 M. 케인스John M. Keynes였다. 케인스는 초국가적 준비통화인 '방코르Bancor'를 만들고 이에 대한 처분 권한은 국제경제동맹ICU, International Clearing Union 이라는 세계 중앙은행을 설립해 관리하도록 하자는 내용을 골자로 주장을 펼쳤다. 명목상으로는 이전 영국을 중심으로 했던 금본위제 하에서의 문제점을 원천적으로 배제하는 것이 목적이었지만 그 밑에는 다른 구상이 자리하고 있었다. 두 차례의 세계대전과 대공황을 겪으면서 '지는 해'가 되어버린 영국 대신 '뜨는 해'가 된 미국이 달러를 기축통화로 삼아 세계 경제의 최고권력자로 등극하는 사태를 막으려 했던 것이다.

브레튼우즈 회의장은 국제 경제의 위기를 미연에 방지하자는 공통된 목적을 가지고 대표단이 모인 곳이기도 했지만, 전쟁이 끝나가는 시점에 누가 헤게모니를 가져갈지를 정리하고 넘어가는 자리이기도 했다. 따라서 미국이 케인스의 제안을 그대로 받아들일 리는 만무했다. 미국은 달러를 초국가적 기축통화로 삼아야 한다고 주장했다. 당시 미국은 전 세계 GDP의 50%를 차지했을 뿐 아니라 전 세계 금 물량 중 4분의 3가량을 보유하고 있었다. 금본위제가 유지되려면 경제 규모만큼의 금을 보유하고 있어야 한다는 전제가 필요한데 그 또한 충분히 충족하고도 남음이 있었던 것이다. 그만큼 미국은 그 주장에 반대하고 나서기엔 너무나 막강한 나라가 되어버렸기에 결국 달러는 기축통화로 결정됐다. 이전과 달라진 힘의 기울기에 의해 미국이 패권을 가져가는 결과가 되긴 했지만, 영국의 케인스가 현재 자본주의 체제의 발전에 기여한 측면은 상당하다는 것이 필자의 생각이다.

이 외에도 브레튼우즈 체제하에서 실질적으로 설립된 두 개의 국제기구가 있다. 하나는 전쟁으로 어려워져 원조가 필요한 국가에 장기적으로 자금을 공급해주는 세계은행인 국제개발은행IBRD, International Bank for Reconstruction and Development이고, 다른 하나는 각국의 통화 체제를 안정시켜 국제수지상의 불균형을 시정하기 위해 자금을 대출해주는 국제통화기금IMF, International Monetary Fund이다. 우리나라도 경제개발 추진 시 IBRD 차관에 많은 도움을 받았고, 외환위기가 닥쳤던 1997년에는 IMF의 구제금융을 받은 역사가 있다.

기축통화를 넘어 국제 결제통화로

브레튼우즈 회의를 통해 미국의 달러는 세계의 기축통화로 공식 데뷔를 했다. 하지만 이 회의를 통해 확정된 사안은 고정환율제도에서 하나의 기준을 제공하는 출발점으로서 달러가 갖는 역할이라고 볼 수 있다. 즉, 세계 어디에서든 통용되는 국제 결제통화로 자리매김하려면 달러가 전 세계로 공급되는 추가적인 과정들이 필요했는데, 이에 가장 많은 기여를 한 것은 냉전 체제라는 당시의 국제 정세였다.

마셜 플랜 (1948~1952)

제2차 세계대전 중 나치 독일, 일본 제국, 이탈리아 왕국 등의 추축국樞軸國 세력에 맞섰던 미국과 소련의 동맹은 종전 후 각자의 이해관계로 인해 점차 약해지고 있었다. 이 두 슈퍼파워는 세계의 재편성을 놓고 벌이는 무기 없는 전쟁, 즉 자유시장경제와 공산주의가 대치하는 냉전 시대를 열어나가고 있었다.

제2차 세계대전 후 소련은 동유럽 국가들을 소비에트 사회주의 공화국으로 편입시키거나 소련의 위성국으로 만들어 세력을 확장해나 갔다. 소련의 세력 확장에 긴장한 미국의 해리 트루먼Harry Truman 대통령은 소련을 중심으로 하는 공산주의에 맞서기 위한 체제 전략의 일환으로 1947년 3월 트루먼 독트린Truman Doctrine[16]을 선언한다. 트루먼 독트린하에서 미국 국무장관 조지 마셜George Marshall은 같

마셜 플랜 선전을 위한 포스터. '날씨에 상관 없이 우리는 더 나은 삶을 향해 함께 간다.'라 는 문구가 있다. (출처: 위키백과)

은 해 6월, 유럽 부흥 계획이라 고도 불리는 '마셜 플랜Marshall Plan'을 제안한다. 유럽 대륙에 서 세력을 확장해나가는 공산당 을 저지하겠다는 큰 목적을 가 진 이 조치의 주요 골자는 전쟁 으로 피폐해진 서유럽 국가에 대대적인 원조를 제공하겠다는 것이었다. 이듬해인 1948년부터 150억 달러 예산의 4개년 계획 으로 시행된 마셜 플랜은 영국

---

16 전쟁으로 피폐해진 자본주의 국가들을 대상으로 미국이 펼친 적극적인 대외 정책. 공산 주의가 전 세계로 퍼지는 것을 저지하기 위해 자유와 독립의 유지에 노력하며, 소수의 정부 지배를 거부하는 의사를 가진 세계 여러 나라에 대해 군사적·경제적 원조를 제공한다는 등 고립주의와 상반되는 내용들을 중심으로 한다(출처: 나무위키).

과 프랑스 그리고 패전국이었던 독일까지 포함된 유럽의 경제 회복을 돕는 것은 물론, 유럽 국가들 간의 무역 장벽을 제거하고 나아가 미국과의 상거래를 장려하도록 설계되었다.

대규모 원조를 위해 유럽으로 유입된 달러는 전쟁으로 망가진 도시와 기반 시설, 산업을 재건하는 데 큰 도움이 됐다. 유럽의 제조업은 다시 살아났고, 이를 통해 생산된 제품들은 다시 미국으로 수출되었다. 원조를 통해서 한 번, 수출을 통해서 다시 한 번 유럽으로 흘러 들어간 미국 달러는 유럽에서 국제 결제화폐로서의 기능을 수행했다. 이렇게 마셜 플랜은 브레튼우즈 체제를 한층 확대시켜나갔다.

한국전쟁 (1950~1953)

냉전 체제하에서 소련은 지정학적 관점에서는 공산주의를 내세운 대륙 세력이라 할 수 있다. 현 공산주의를 지탱하고 있는 대표적 두 국가가 대륙의 중국과 러시아라는 점에서도 이는 크게 변하지 않았음을 알 수 있다. 반면 자본주의를 앞세운 미국은 같은 맥락에서 보면 해양 세력이다. 다시 말해 냉전은 단순히 미국과 소련 두 국가의 대립이 아니라 이념의 대립임과 동시에 대륙 세력과 해양 세력의 대치였다. 그리고 이 둘의 차갑지만 첨예한 대립이 열전으로 폭발한 사건이 바로 1950년의 한국전쟁이다. 한국전쟁은 한반도라는 지역에서 벌어진 국지전이었으나 한편으로는 이데올로기 간의 갈등이었고, 더 나아가선 대륙 세력과 해양 세력의 충돌이었다.

한국전쟁을 통해 막대한 이득을 챙긴 나라는 다름 아닌 일본이었다. 제2차 세계대전 이후 재건 중에 있었던 전후 일본은 한국과의 지리적 근접성으로 미국의 병참기지 및 주둔지역으로 활용되었다. 미군을 비롯한 다국적 유엔군은 일본에 머무르며 많은 돈을 썼고 일본은 이들을 위한 물자와 군수품을 생산, 판매하면서 '한국전쟁 특수'를 톡톡히 누렸다. 그리고 이 과정에서도 역시 막대한 규모의 달러가 일본으로 유입되었다. 미국의 입장에서 보면 한국전쟁은 브레튼우즈 체제하에서 자국의 통화를 일본에도 본격으로 공급하는 계기가 된 것이다.

베트남전쟁 (1955~1975)

미국을 비롯한 서방국가들은 베트남이 사회주의 국가로 통일되는 것을 원치 않았다. 냉전 체제하에서 베트남은 남과 북[17]으로 갈라졌지만 통일 국가를 이루기 위한 무력 충돌이 계속해서 발생했고, 1964년엔 통킹 만Gulf of Tonkin 사건을 빌미로 미국이 참전하는 베트남전쟁이 본격적으로 시작되었다.

하지만 전쟁은 미국의 생각만큼 쉽게 끝나지 않았다. 국민들의 지지를 받던 베트콩들이 끈질기게 미국에 맞섰던 것이다. 북베트남군과 베트콩의 세력이 점점 더 강해지는 가운데 전쟁은 인도차이나 반도 전역으로 확대되었다. 미국은 유럽에 도움을 요청했지만 거절당하

---

17 북베트남에는 호찌민Hồ Chi Minh이 이끄는 사회주의를 표방하는 독립국가가, 남베트남에는 미국이 지원하는 정권이 세워졌다.

고 한국, 오스트레일리아, 필리핀, 뉴질랜드 등의 도움을 받아 전쟁을 지속해나갔다. 그러나 북베트남 세력은 쉽게 꺾이지 않았고, 심지어 미국 내에서는 베트남전쟁에 반대하는 운동이 일어나고 있었다. 결국 1973년 파리에 모인 미국, 남베트남, 북베트남, 베트콩의 대표들은 휴전 협정을 맺기에 이르렀다. 그러나 이듬해 12월 북베트남은 다시 전투를 벌였고, 1975년 4월 남베트남이 항복하면서 베트남은 사회주의 공화국으로 통일되며 전쟁을 끝낼 수 있었다.

이렇게 베트남전쟁은 국제 전쟁에서 패배를 몰랐던 미국이 최초로 물러난 전쟁이 되었다. 내용의 흐름과는 조금 벗어난 이야기이긴 하지만, 베트남 국민들이 가지고 있는 저항 정신, 끈질긴 민족성 또는 강한 생존력은 베트남 주식시장의 장기적인 전망을 긍정적으로 할 수 있는 요인으로 꼽을 수 있다

한국은 베트남전쟁에 미국 다음으로 많은 병력을 파병했고, 이 과정에서 전쟁에 따른 특수를 누렸다. 전투 병력 파병에 대한 반대급부 형식으로 미국으로부터 여러 경제적 지원을 받았으며 일부 군수물자를 공급하기도 했던 것이다. 이 과정에서 일본의 경우와 마찬가지로 한국에도 달러가 유입되었고 태국, 필리핀 등 미국의 아시아 동맹국들도 이와 비슷한 상황에 있었다. 이렇듯 한국전쟁에 이어 베트남전쟁 역시 달러가 아시아 지역에 유입되는 계기가 되었다.

냉전 체제하에서 있었던 이상의 역사적인 과정들을 통해 미국은 달러를 세계 경제에 부지런히 공급했고, 브레튼우즈 체제하의 전 세

계에서 달러는 기축통화로서뿐 아니라 국제통화로서도 자리를 잡아

가기 시작했다.

달러의 위기

브레튼우즈 체제에는 사실 구조적인 딜레마가 내재되어 있었다. 앞

서 언급한 사례들에서도 엿볼 수 있듯, 기축통화인 달러 유동성을 전

세계에 원활하게 공급하려면 미국 입장에서는 끊임없이 물건을 수입

하고 그 대금을 달러로 지불해야 했다. 달리 표현하자면 국제수지 적

자를 유지하면서 지속적으로 달러 유동성을 전 세계에 공급해야 했

다는 뜻이다. 하지만 이런 상황의 유지를 위해 미국이 만약 보유 중인

금의 양에 비해 달러를 과하게 찍어내면 달러에 대한 신뢰도는 필연

적으로 떨어진다. 그러나 또 한편으로는 이런 문제를 줄이기 위해 미

국이 국제수지에서 적자 폭을 줄이거나 흑자를 보면 전 세계로 풀려

나가던 달러가 축소되면서 국제 유동성 부족이라는 상황을 초래하게

된다. 이를 일컬어 트리핀 딜레마 Triffin's Dilemma라 한다.

브레튼우즈 체제는 50년 전에 이미 끝났지만 기축통화로서 달러가

갖는 이 딜레마는 지금도 여전히 존재한다. 어느 나라든 경제가 명목

적으로 성장하려면 그만큼의 유동성이 따라줘야 한다. 다시 말해 돈

을 풀어야 한다는 소리다. 2008년 금융위기, 또 코로나19에 따른 사

태에서 볼 수 있었듯 미국 역시 자국의 경제 사정이 어려워질 때면 어

김없이 달러 유동성을 풀어 달러 약세를 유도해왔다. 하지만 과도한

유동성은 기축통화로서의 달러에 대한 신뢰도를 떨어뜨리고 국제 경제 속에서 달러가 갖는 위치를 위협한다. 그렇기 때문에 이런 상황이 되는 것을 용납할 수 없는 미국으로선 어느 정도의 달러 강세 국면을 만들려 하게 된다. 미국은 군사력과 더불어 제일의 경쟁력인 달러 패권을 지키기 위해 지금도 이 딜레마 속에서 줄타기를 이어가고 있다.

다시 1970년대로 돌아가보자. 브레튼우즈 체제가 내재적으로 갖는 모순과 함께 1971년 미국의 국제수지는 적자로 돌아섰고 마셜 플랜과 한국전쟁, 그리고 결정적으로는 베트남전쟁에서의 과도한 군사비 지출로 재정적자의 폭 또한 확대되었다. 미국의 이런 쌍둥이 적자는 달러 신뢰도를 떨어뜨렸고 브레튼우즈 체제하에 있던 다른 국가들의 의심을 샀다. '미국은 그들이 보유하고 있는 금보다 더 많은 양의 달러를 찍어내고 있을 것'이라는 합리적 의심이었다.

제일 먼저 행동에 나선 것은 프랑스의 샤를 드골Charles de Gaulle 대통령이었다. 1965년을 시작으로 프랑스는 자국이 보유하고 있던 달러를 미국으로 가져가 꾸준히 금태환을 요구했다. 프랑스 및 독일 등의 금태환 요구에 미국은 초기엔 어느 정도 대응하는 듯했다. 그러나 사실 브레튼우즈 체제는 이미 무너질 수밖에 없는 상황에 처해 있었다. 1971년 당시 미국은 실제 금 보유액의 여덟 배에 달하는 달러를 발행해버렸고, 그렇기에 달러를 보유하고 있던 외국 정부들이 일시에 금태환을 요구해오면 그에 응할 수 없는 상태였던 것이다. 결국 그해 리처드 닉슨Richard Nixon 대통령은 달러화의 금태환을 정지시키고 브레튼우즈 체제를 끝내버렸다.

1960~2015년 미국의 경상수지, 무역수지, 서비스수지 추이

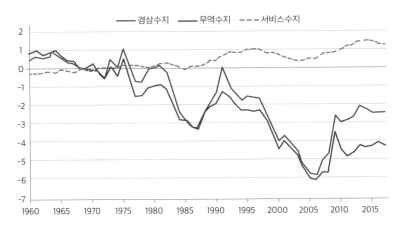

출처: 세인트루이스연방준비은행

브레튼우즈 체제 말기, 유럽은 어려웠던 미국의 상황과 반대로 대호황기를 누리고 있었다. 한국전쟁 특수를 누린 일본 또한 경제대국으로 성장해 있었다. 닉슨 대통령의 금태환 정지 선언은 30년간 이어진 세계경제 호황기의 끝을 알렸다. 각국의 통화제도는 대혼란에 빠졌고 달러의 가치는 폭락했으나 반대로 금 가격은 폭등했다. 온스당 35달러 수준의 금값은 1980년 초 850달러까지 치솟았다. 국제사회는 브레튼우즈 체제 붕괴로 인한 여러 금융 혼란을 진정시키기 위해 많은 노력을 기울였고, 그 결과 고정환율제도는 폐지되고 변동환율제도가 채택되었다.

키신저, 페트로달러 시대를 열다

미국은 달러에 대한 금태환본위제를 중단하긴 했으나 달러 패권 자체를 포기한 것은 아니었다. 때문에 브레튼우즈 체제 중단으로 인한 달러 가치의 하락을 방어하려면 달러에 대한 인위적인 수요를 이끌어 내야 했다. 기축통화로서 달러가 갖는 위상을 지속시키기 위해 미국이 기울인 첫 번째 노력은 바로 석유를 통한 달러 패권의 유지였다.

1973년 10월, 세계 경제에 큰 영향을 미치게 되는 제4차 중동전쟁이 발발했다. 1948년 팔레스타인에서 이스라엘이 독립을 선포한 이후 아랍 국가들과 이스라엘 사이에서는 무력충돌이 이어지고 있었다. 제4차 중동전쟁은 이집트와 시리아를 중심으로 하는 아랍 연합군이 과거 세 차례의 전쟁에서 잃었던 영토를 회복하기 위해 이스라엘을 공격하며 시작되었다. 철저한 준비와 기습적 공격으로 초반엔 아랍 연합군들이 유리한 듯 보였다. 하지만 핵무기를 보유하고 있던 이스라엘이 며칠 지나지 않아 미국의 원조까지 받으며 반격에 나서자 전세가 역전된다. 미국과 소련이 각자의 동맹국에 물자를 보급하면서 핵을 보유한 두 강대국의 대립으로도 이어진 이 전쟁은 결국 유엔에서의 미-소 결의로 휴전이 성립되고 20일 만에 종료되었다. 하지만 전쟁을 통한 목적 달성이 어려워졌음을 깨달은 아랍 국가들은 이스라엘의 편에 섰던 국가들을 겨냥, 보복을 준비하기 시작했다. 중동전쟁이 점차 세계 경제에 큰 파장을 불러일으킬 석유전쟁으로 비화되기 시작한 것이다.

1973년 10월 16일, 페르시아만의 6개 석유수출국들은 석유수출

국기구OPEC, Organization of the Petroleum Exporting Countries 회의에서 원유 공시 가격을 70% 인상하겠다고 발표했다. 얼마 후 이들은 '아랍 점령 지역에서 이스라엘이 철수하고 팔레스타인의 권리가 회복될 때까지 매월 원유 생산을 전월 대비 5%씩 감산하기로 결정했다'고 추가 발표했는가 하면 서방국가에 대한 보복으로 미국, 유럽, 일본 등으로의 원유 수출을 중단하기도 했다. 석유 자원을 무기화하기 위해 아랍 국가들이 본격적으로 나서기 시작한 것이다. 이에 따라 자연히 유가는 폭등했다. 1973년 초 배럴당 3달러가 채 되지 않았던 원유 가격은 1년 만에 네 배 가까이 치솟았다. 이는 전 세계의 경제에도 큰 타격을 입혀, 미국을 포함한 서방 선진국들은 인플레이션이 가속화되는 동시에 전례 없는 마이너스 경제 성장을 경험하게 되었다.

바로 이 시기, 미국의 위대한 외교관 헨리 키신저Henry Kissinger가 등장한다. 중동의 원유국들이 석유라는 무기를 휘두르고 있을 때 미국 국무장관인 키신저는 사우디아라비아로 날아가 파이살Faisal 국왕과 회담을 가졌다. 표면적으로는 미국에 대한 원유 수출 재개를 요청하기 위한 것인 듯했으나 키신저에겐 더 큰 그림이 있었다. 바로 금태환을 중단한 이후 약해진 달러의 가치를 석유로 다시 복구하려는 것이었다.

그는 사우디의 정유 시설 및 왕가의 보호를 위한 군사 지원을 약속했다. 대신 사우디의 모든 원유 수출에 대한 대금을 달러로 결제해야 한다는 조건이 붙었다. 왕정국가인 사우디는 당시 민주화되는 주변국들, 종파가 다른 이란과의 갈등, 주변국들 사이에서 벌어지는 전쟁 등으로 불안감을 느끼고 있었다. 또한 중동은 원유 매장 지역이란 이유로 소련을 비롯한 글로벌 강대국들의 이해관계가 얽혀 있는 곳이기도 했기에, 여러 복합적인 정황 속에서 사우디는 결국 미국의 제안을 받아들였다. 이로 인해 세계 최대 원유 생산국인 사우디의 원유를 사려면 달러를 먼저 사야 했다. 석유는 전 세계 국가들이 늘 필요로 하는 것이니 자연히 달러 또한 늘 필요한 통화가 되어버린 것이다. 이렇게 키신저는 기축통화로서 달러가 가졌던 흔들리는 위치를 다시 공고히 하는 전환점을 만들어냄과 동시에 페트로달러Petrodollar의 시대를 개막했다.

키신저가 달러 패권의 기반을 확실하게 잡아준 것은 이때만이 아니었다. 그는 소련 중심의 공산주의 체제를 와해시키는 데도 큰 역할을 했다. 당시 중국은 '죽의 장막', 즉 비공산권 국가엔 배타적인 정책을 펼치고 있었다. 이런 상황에서 국교정상화에 대한 미중 양국의 대화가 진전을 이루지 못하자 닉슨 대통령은 키신저를 중국으로 파견했다. 회담장에 들어서는 키신저의 손에는 중국을 깜짝 놀라게 할 첩보 위성사진 몇 장이 들려 있었다. 구소련과 중국이 우수리강의 국경을 두고 분쟁을 벌였던 당시의 그 사진들에는 안개 자욱한 날 수많은 중국 군인들이 우수리강 가운데 있는 작은 섬을 점령하려 몰래 들어갔다가 구소련의 공격을 받고 목숨을 잃는 장면이 담겨 있었다. 키신저는 중국 측에 사진들을 보여주며 '미국과 중국 사이의 국교가 정상화되면 중국이 원하는 인공위성 사진을 제공하겠다'고 제안했다. 해당 기술을 아직 보유하지 못했던 중국은 그에 동의하며 문호를 개방했고, 그렇게 개혁개방 정책을 추진한 이후에는 전 세계의 제조 공장으로 급성장하며 엄청난 무역흑자를 거두었다. 더불어 그 과정에서는 달러도 중국에 대거 유입되었다. 완전하진 않지만 중국 또한 달러를 기축통화로 하는 글로벌 금융 질서 안으로 들어와버린 것이다.

주식 전망, 달러를 이해해야

지금까지 달러가 기축통화로 등장한 배경과 국제 결제통화로 발전한 과정, 그리고 달러를 중심으로 하는 글로벌 금융 질서가 공고히 다져진 역사적 계기를 간략히 살펴보았다. 이 과정을 통해 글로벌 자본시장의 센터에 자리하고 있는 달러가 유동성의 출발점으로서 어떤 의미를 갖는지 조금은 더 선명해졌으면 하는 바람이다.

한국의 원화 역시 당연히 이러한 국제 통화 체계 안에서 존재한다. 원화의 환율을 달러 대비로 이야기하는 것이 그 단적인 예다. 환율이 급등했던 1997년 IMF 외환위기나 2008년 글로벌 금융위기의 과정에서도 언제나 달러 환율의 큰 변화가 먼저 있었다. 또한 원화가 다시금 안정되는 경로에도 각각 IMF 구제금융, 통화스와프[18]와 같은 달러의 역할 또는 미국으로부터의 시그널이 항상 존재했다. 달러가 지배하는 글로벌 경제 질서 안에 한국의 원화가 있고, 달러 유동성의 움직임

---

18 서로 다른 통화를 약정된 환율에 따라 상호교환하는 외환 거래. 외환위기 시 국가 간에 사용되는 자금 융통 계약이다.

이 중요하다는 큰 틀은 모두가 인지하고 있다. 그렇다면 지금부터는 그간 달러의 움직임이 자산 가격에 어떻게 작용해왔는지, 그리고 달러는 어떤 메커니즘을 통해 한국의 주가에 영향을 주는지에 대해 알아보자.

2020년 코로나19 사태 발발 이후, 적극적인 시장 안정을 위해 미국이 취한 조치 중 하나는 달러 유동성을 확대하는 것이었다. 앞서 언급했듯 2008년 금융위기 이전 약 1조 달러였던 미 연준의 자산은 이후 금융위기를 극복하는 과정에서 4조 달러를 넘어섰다. 그리고 코로나19가 발생한 2020년 한 해 동안 연준은 다시 한 번 달러 유동성을 급하게 늘렸고, 연준의 자산은 7조 달러로 불어났다.

위기의 순간에 연준이 시장에 유동성을 풀면 달러는 약해지고 그 반대편에 있는 금 가격은 상승하며, 주가는 튀어 오르는 변화를 보인다. 코로나19로 인한 유동성 확대의 결과로 달러인덱스 기준 100까지 올라갔던 달러는 90선까지 떨어졌다. 동시에 금 가격은 상승했다. 그리고 미국의 S&P500 지수는 코로나19로 인한 저점을 2,100선에서 찍고 그 후 1년 동안 4,000선까지 거의 두 배에 가까운 상승폭을 보였다. 나스닥은 더 큰 변동폭으로 움직여 같은 기간 두 배가 넘는 상승세를 시현했다. 이러한 주가 상승 현상은 미국은 물론 우리나라를 비롯한 전 세계 주식시장에서 공통적으로 나타났다.

앞 꼭지에서는 금리가 자산 가격의 상승에 미치는 영향을 살펴봤는데, 달러 공급량의 확대 및 달러의 약세 또한 글로벌 자산 가격 상승과 관련하여 큰 축을 담당하고 있다. 그리고 역사적으로 인류는 달

2014~2021년의 달러인덱스 추이

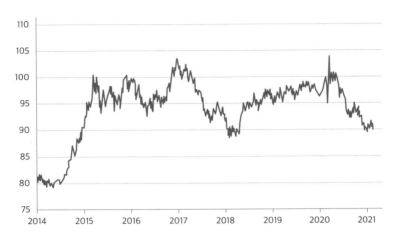

출처: Yahoo finance

2014~2021년의 금 가격 추이

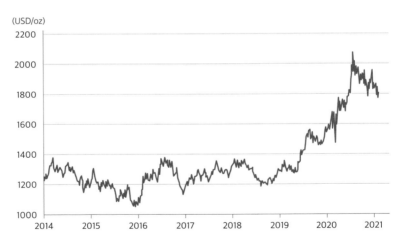

출처: Yahoo finance

러 유동성의 증가, 그에 따른 달러 약세, 그리고 자산 가격 상승이라는 연결고리를 여러 번 경험했다. 코로나19로 연준이 달러의 양을 조절하자 시장이 그 어느 때보다 빠르게 움직였던 것도 그동안의 경험 및 사례를 통해 이 연결고리를 이해하는 이들이 많아진 덕분이었다.

시간을 거슬러 올라가 1985년에 있었던 플라자 합의Plaza Accord 당시 또한 그랬다. 1970년대에 발생한 두 번의 석유 파동은 유가 상승을 초래했고 그로 인해 세계 주요국들은 인플레이션과 경기침체가 동시에 오는 스태그플레이션stagflation 상황에 놓이게 된다. 당시 미국의 로널드 레이건Ronald Reagan 정부는 금리 인상과 감세 정책을 동시에 실시했다. 전자는 물가 안정, 후자는 경기활성화를 위해서였다. 하지만 고금리 정책은 달러 강세 현상을 불러일으켰고 감세 정책은 대규모 재정적자 상황을 발생시켰다. 더불어 강한 달러와 확장적인 재정 정책 탓에 무역수지 적자폭 또한 더욱 확대되고 말았는데, 특히나 당시 한국전쟁의 수혜를 입고 제2의 경제대국으로 빠르게 성장한 일본에 대한 무역적자가 두드러졌다. 이렇듯 경상수지 적자와 재정수지 적자가 동시에 발생하는 쌍둥이 적자로 미국의 경제는 어려움에 빠져버렸다.

이에 1985년 9월, 미국, 영국, 일본, 독일, 프랑스 등 G5의 재무장관들이 뉴욕의 플라자 호텔에 모인 자리에서 미국은 달러 강세가 세계 경제에 부정적 영향을 미친다고 설득하면서, 일본 엔화와 독일 마르크화를 강세로 이끌어 달러 약세 상황을 유도해줄 것을 요청했다. 그 자리에 모인 G5 국가는 미국의 제안을 채택하며 그 내용에 합의했고,

그에 따른 반응은 즉각 나타났다. 엔화와 마르크화는 달러 대비 강세를 나타냈는데, 특히 엔화의 경우 1985년 당시 230엔이었던 달러-엔 환율이 1990년에는 120엔을 기록하며 두 배 가까운 강세를 보였다. 그 결과 1988~1990년 일본의 니케이 지수는 세 배가 올라 4만 포인트까지 상승했고(이 수치는 30년이 지난 2021년 현재까지도 깨지지 않고 있다) '동경을 팔면 미국 땅 전부를 살 수 있다'는 말이 나올 정도로 부동산 가격이 급등했다. 이렇듯 경제에 버블이 끼고 그 뒤를 이어 자산 가격이 폭락하면서 일본에서는 '잃어버린 30년'이 시작되었다.

플라자 합의는 물론 미국이 금태환을 정지했던 1971년, 그리고 금융위기가 터진 2008년 이후에도 사람들은 달러 유동성이 자산 시장에 미치는 영향을 경험했다. 이러한 역사적 교훈을 학습한 시장 참여자들은 코로나19 사태로 미국이 달러를 찍어낼 것을 결정하자 달러 유동성의 경로를 단번에 파악하며 빠르게 움직였다. 달러가 약해지기 시작하자, 금 가격과 주가가 급등하고 부동산 가격이 치솟았다. 우리나라의 자산 가격들 역시 하나같이 모두 동일한 방향으로 움직였다. 물론 부동산의 경우엔 정부 정책의 실패라는 원인도 있으나 글로벌 유동성의 영향에서 자유로울 수 없었던 것 역시 무시하기 힘든 요인이다. 태평양 너머의 먼 나라 미국의 달러 움직임이 우리 시장에까지 엄청난 영향력을 행사하는 것이다.

이렇듯 달러는 단순히 외환시장에만 영향을 주는 것이 아니다. 달러라는 글로벌 기축통화는 환율에만 국한되지 않고 우리나라의 주가, 부동산 같은 자산들의 가격 전반에 지대한 영향을 준다. 그래서 주가를 보기 위해서는 달러를 먼저 이해해야 한다.

달러는 어떤 메커니즘을 통해
자산 가격에 영향을 주는 것일까?

뒤에서 더 자세히 살펴보겠지만, 2008년 금융위기는 케이스 스터디를 하기에 적합한 좋은 사례다. 출발은 미국이었다. 전 세계적 금융과 경제를 강타한 이 위기의 시발점은 사실 미국 외의 다른 나라들과 아무런 상관이 없었다. 시장에 풀린 과도한 유동성, '모든 서민들이 집을 소유하게 하자'라는 슬로건을 내건 정치적 포퓰리즘 탓에 당시 미국에선 신용 저하로 대출 자격을 얻지 못하는 이들도 돈을 쉽게 빌릴 수 있었다. 이것이 미국 주택 시장의 버블을 형성했고, 그 버블이 터지며 폭락한 것이 2008년의 금융위기였다. 다시 말해 2008년 금융위기는 어디까지나 서브프라임Subprime[19]이 이슈가 된 미국 내부의 문제였던 것이다. 그런데 그로 인한 어려움은 왜 전 세계가 똑같이 겪어야 했을까?

미국 경제가 어려움에 빠지면 투자자들 사이에서는 안전선호 심리, 즉 위험회피 성향이 발동한다. 그리고 이 성향은 미국 밖으로 풀려 나

---

19 미국의 주택담보대출에는 세 등급이 있는데 신용도가 가장 높고 상환능력이 높은 순서대로 나열하면 프라임Prime, 알트 에이Alt-A, 서브프라임이다. 즉, 서브프라임 모기지는 신용이 낮고 상환 능력이 떨어지는 이들에게 해준 주택담보대출이다.

갔던 달러를 다시금 미국으로 환류하게 한다. 높은 수익률을 쫓아 비교적 높은 위험을 무릅쓰고 미국을 떠났던 자금들을 포함, 전 세계에 퍼져 있던 달러가 안전자산인 미국 국채를 매수하는 데 쓰이기 위해 다시 고국으로 돌아가는 것이다. 하지만 미국 외의 다른 국가들 입장에선 이렇게 달러가 빠져나감에 따라 달러 유동성이 부족해질 수 있다. 이것이 미국 경제의 어려움이 달러를 통해 다른 나라에 영향을 주는 경로다.

시장이 느끼는 불안은 대표적으로 VIX라는 지표를 통해 시각적으로 확인할 수 있다. 흔히 공포지수라 불리기도 하는 VIX는 S&P500의 내재변동성을 지수화한 것으로, 시장의 공포를 가장 민감하게 보여주는 지표로 보면 된다. VIX가 상승하면 자본시장에 참여하고 있는 투자자들은 본능적으로 위험을 감지한다. 위험회피 성향이 발동되면 투자자들은 가장 위험하다 생각되는 자산, 가령 이머징 시장의 주식 같은 것부터 팔아치우기 시작한다. 안전선호 심리에 따라 미국의 국채를 매수하기 위해 이머징 시장의 주식을 매도함으로써 달러 회수 작업을 시작하는 것이다.

2008년 금융위기 때도 마찬가지로 투자자들은 이머징 시장의 주식을 대량으로 팔았고 자연히 시장은 폭락했다. 문제의 시작은 미국이었음에도 그에 따른 충격은 신흥국 시장에 고스란히, 어쩌면 더 확대된 파괴력으로 전달된 것이다. 그러나 그 충격은 금융시장이라는 울타리 안에서만 머물지 않았다. 주식은 실물을 반영하는 거울이지만 그와 반대로 주식시장, 즉 금융시장이 실물에 미치는 영향 역시 막대하다. 주가 폭락으로 줄어든 부의 규모와 유동성 유출로 인한 투자 및 소비의 감소는 결국 신흥국 국가들의 경제 전반을 끌어내려버렸다. 경제 규모, 무역 규모 등에서 전반적 실력을 갖췄으나 MSCI 신흥국 지수Emerging Markets Index에 편입되어 있다는 이유만으로 글로벌 금융시장에서 신흥국 취급을 받는 대한민국도 마찬가지였다. 미국의 서브프라임과 아무 연관성이 없었음에도 코스피 지수는 반토막이 났고 경제는 마이너스 성장률을 기록했다.

상황이 이렇게 되자 미국은 자국의 생존을 위해 금리를 낮추고 달러를 찍어내면서 달러 유동성을 확대했다. 유동성이 확대되면 금융시장이 제일 먼저 이를 받아들여 미국의 주식시장부터 좋아지기 시작한다. 2008년 금융위기 이후를 보아도 그 후 10년 동안 S&P500 지수는 다섯 배가, 나스닥 지수는 열 배 이상이 올랐다. 그러나 이렇게 빨리 반응하는 금융시장과 달리 실물경제는 회복하는 데 다소 시간이 걸린다.

달러 유동성 확대 정책은 보통 실물경제가 따라올 때까지 이어지기 때문에 상당 기간 지속된다. 앞서 말했듯 우선은 미국 시장이 많이 상승하고, VIX 지수가 떨어진다. 즉, 투자자들이 안도하기 시작하면 조금 위험하더라도 높은 수익을 낼 수 있는 이머징 시장으로 재차 눈을 돌리게 된다는 뜻이다. 코로나19 저점 이후에도 미국 주식시장은 두 배가 상승했고, 100 근처에까지 이르렀던 VIX 지수는 1년 뒤 20선으로 떨어졌다. 그러자 국내 시장에서 매도로 일관했던 외국인 투자자들은 일 매매 기준 의미 있는 물량으로 거래소 시장에서 우리 주식을 사기도 했다. 여기까지가 달러 유동성 확대의 선순환 사이클이다.

그다음에 오는 변화는 미국 경제의 회복이다. '경제가 좋아진다'는 것은 정책적으로 해석하자면 '고용이 좋아진다'는 뜻이다. 선거를 통한 민주주의 제도하에서 정치권력을 가진 정치인들의 정책 목표는 결국 고용 확대다. 그렇게 해야 서민들의 삶이 안정되고 그에 따라 자신들도 권력을 유지할 수 있기 때문이다. 하지만 고용 확대는 경기 회복 사이클의 가장 마지막 단계에서 나타난다. 제일 먼저 금융시장이 좋아지면 이후 소비가 증가하고 투자도 늘어난 뒤에야 고용이 좋아질 수 있기 때문인데, 여기까지 도달하는 데만 해도 상당 시간이 소요된다. 이렇게 고용이 확대되면 임금 또한 조금씩 늘어나기 시작하지만, 주식이나 부동산 같은 자산의 가격은 유동성 확대 정책으로 인해 이 시점에 이미 큰 폭으로 상승해 있다. 일자리를 통한 노동자의 부가 겨우 조금 좋아지는 데 반해 자산 보유자들의 부는 그보다 훨씬 큰 폭으로 증가한다는, 다시 말해 빈부 격차가 확대된다는 뜻이다.

이렇게 미국의 경제가 회복되고 자산 가격까지 증가하면 연준 또는 재무부 등 통화 정책이나 재정 정책을 담당하는 기관들은 달러 유동성을 줄이기 위한 준비를 시작한다. 이는 시장에 풀린 유동성과 나아진 경제 상황으로 인한 인플레이션이 우려되기 때문이기도 하지만, 다음 불황이 도래할 경우 정책적으로 대응할 수 있는 운신의 폭을 확보하기 위한 출구 전략이기도 하다.

이들이 제일 먼저 하는 일은 양적완화의 정도를 줄이는 일, 다시 말해 시장에 푸는 돈의 양을 점차 감소시켜나가는 것이고 그다음으로는 금리를 인상하는 것이다. 이제껏 시장 친화적인 완화책 및 풍부한 유동성에 길들여져 있던 자본시장은 이러한 정책적 움직임에 화들짝 놀란다. 2013년에 벤 버냉키Ben Bernanke 당시 연준 의장이 양적완화를 축소할 수도 있다는 가능성을 그저 언급만 했을 뿐이었음에도 시장이 테이퍼 탠트럼Taper Tantrum, 즉 긴축 발작이라 불릴 정도의 반응을 보이며 주가가 하락했던 것이 그 예다.

미국에서부터 시작하는 달러 유동성 축소 정책의 효과는 서서히 주변 국가로 넘어간다. 초기에는 우리나라의 시장도 어느 정도 견뎌낸다. 경제가 좋아지는 상황에서 미국이 완화적인 정책을 거둬들이거나 금리를 인상하는 것이기 때문이다. 그러나 경제가 성장의 정점에 도달하여 더 이상 위로 올라가는 것이 힘겨워지면 그때부터는 미국 발 출구 전략의 영향을 받기 시작한다. 다시금 주가는 하락하고, 주가의 영향을 받은 실물경기도 다시 하강하기 시작한다.

전지적 달러 시점에서의 시장은 이렇게 봄, 여름, 가을, 겨울의 사이클을 반복해나간다. 동풍이 불고, 얼음이 녹고, 벌레들이 깨어나는 것들을 통해 봄이 다가오는 계절의 변화를 느낄 수 있다고 한다. 투자자들 또한 시선을 국내에만 고정시켜두지 말고 시장에서 가장 예민하고 빠르게 움직이는 달러가 자산 가격에 영향을 주는 메커니즘을 이해하고, 이를 통해 주식시장의 변화를 느낄 수 있다면 자산관리에 큰 도움이 될 것이라 생각된다.

통화 정책의
득과 실

통화 정책과 재정 정책

자본주의는 18세기 애덤 스미스Adam Smith가 《국부론The Wealth of Nations》을 통해 '보이지 않는 손'이라는 개념을 도입한 그때부터 인류를 지배해온 경제 체제라 할 수 있다. 전통적 자유방임주의를 거치고, 국가의 보완적 역할을 강조하며 대공황 이후 1930년대 미국 뉴딜 정책의 이론적 근거를 제공한 케인스를 지나, 위기 시엔 중앙은행이 통화를 무제한으로 공급하고 정부는 완전고용 달성을 위해 재정지출을 확대해야 한다고 주장하는 현대통화이론MMT, Modern Monetary Theory에 이르기까지 자본주의는 그 꾸밈새를 달리하며 인류의 곁을 지켜오고 있다.

이런 시장자본주의 체제하에서 호황과 불황의 사이클은 역사적으로 반복되어왔다. 특히 금융 또는 경제위기의 반복은 갈수록 잦아지고 그 강도 또한 높아지고 있어 '경제가 안정되려면 정부가 적극적인 역할을 해야 한다'는 인식 또한 점차 커지고 있다. 2008년 금융위기 시 각국이 공조하여 진행했던 금리 인하와 양적완화, 2020년 코로나19 사태 시 추가적으로 진행된 재정부양 정책은 정부가 적극적 역할을 했던 근래의 예들이다.

국가 차원의 경제 안정화 정책은 크게 재정 정책과 통화 정책으로 구분된다. 재정 정책은 조세 수입과 정부 지출을 변경함으로써 경제를 안정시키는 정책으로, 코로나19 사태 때문에 경제적으로 어려워진 국민들에게 현금으로 직접 지원해준 재난지원금이 이에 속한다. 통화 정책은 이자율 등을 변화시키고 화폐 공급량을 관리하면서 경제 안정화를 꾀하는 정책을 말하는데, 중앙은행이 금리를 결정하거나 양적완화를 통해 시장에 돈을 푸는 정책이 그 예다. 우리나라는 1979년 이래 금리가 아닌 통화량을 직접 관리하는 통화 정책을 사용했다. 시중에 풀린 현금 유동성이라 할 수 있는 광의통화 M2[20]를 중심 지표로 하는 '통화량 목표제'를 시행하면서 시장에서 유통되는 돈의 양을 조정한 것이다. 이후 1997년부터 미국 등 선진국들이 사용하는 '이자율 목표제'를 도입, 금리라는 간접수단을 통화 정책에 사용하기 시작

20 통화량을 측정하는 지표 중 하나. 현금통화 및 언제라도 현금화가 가능한 은행 예금을 나타내는 협의통화M1에 저축성 예금을 합한 것이다.

했다. 현재는 만기 7일짜리 환매조건부채권의 금리가 기준금리의 대상이 된다.

통화 정책을 선호하는 정부, 정치인

역사적으로 통화 정책은 경제 안정화를 위해 정부가 전개하는 정책 중 위기 극복의 도구로 선호되었다. 또한 위기 시에는 정부가 지출을 늘리고 세금을 감면하는 확대재정 정책보단 중앙은행이 금리를 낮추고 통화량을 늘리는 확대통화 정책이 보다 빈번히 사용되었다. 금리라는 수단을 이용하는 통화 정책은 재정 정책에 비해 실물경제에 영향을 미치기 위한 경로가 보다 복잡하고 간접적이다. 재난지원금 지급처럼 정부가 예산을 사용하여 진행하는 재정 정책은 직접적으로 개인소득 증가에 기여하고, 이는 곧장 소비 증가로 연결될 수 있다. 반면 통화 정책의 파급 경로는 이보다 몇 단계를 더 거친다. 먼저 중앙은행이 금리를 낮추면 시중 금리가 하락한다. 애초 정책 시행 시의 기대대로 금리경로가 제대로 작동하려면 낮아진 이자율에 따라 투자 또는 소비가 늘고, 궁극적으로는 임금이 상승하고 고용이 늘어나는 방향으로 돈의 흐름이 형성되어야 한다.

하지만 2008년 금융위기 이후 약 10년간 국가별로 대대적으로 펼쳐진 통화 정책은 기대만큼의 효과를 보여주지 못했다. 통화 정책을 가장 먼저 사용한 축에 속하는 일본의 경우도 결과는 크게 다르지 않았다. 1985년 플라자 합의 이후 엔화 절상을 받아들인 일본은 버블

경제와 잃어버린 20년을 겪는 과정에서 제로 금리와 양적완화, 마이너스 금리 등을 다른 국가들보다 먼저 시도했다. 그러나 정책에 대한 기대 또는 목표와 달리 두 시기를 통해 시장에 풀린 돈은 사람들의 소득을 의미 있게 늘리는 방향으로 흘러가지 못한 채 대부분 자산 시장으로 직행했다. 그렇게 넘어간 돈은 부동산 및 주식 같은 자산의 가격 상승으로 연결되었고, 결과적으로 자산 보유자들의 부를 중점적으로 증대시키며 양극화를 확대시켰다. 총량적으로 명목GDP가 증가하는 모습으로 보일 수도 있지만, 결코 일반 사람들의 삶에는 도움이 되지 못한 결과였다.

실물경제에 온기를 불어넣겠다는 궁극적 목표를 달성하는 데는 재정 정책의 파급경로가 보다 직접적으로 기능할 것이다. 그럼에도 보다 복잡하고 간접적인 파급경로를 갖는 통화 정책이 선호되었던 이유는 무엇일까? 이는 아마 정치적 측면에서 봤을 때 후자가 전자보다 좀 더 쉽게 시행할 수 있기 때문이라 생각된다. 정부 예산이 들어가는 재정 정책의 경우 국회의 동의를 받아야 하는데, 양당으로 갈라져 있는 국회에서부터 이를 둘러싼 정쟁이 벌어지면서 시작부터 복잡해질 가능성이 높다. 2010년 남유럽발 금융위기 당시 재정 정책의 시행이 어려웠던 이유도 독일처럼 재정이 건전한 북유럽 국가들과 이탈리아, 스페인 등 재정이 부실한 남유럽 국가들 사이에서 빚어진 정치적 갈등이었다. 남유럽 국가들의 방만한 재정 운용을 왜 북유럽 국가들이 책임져야 하는지에 대한 불만이 정책 시행을 어렵게 한 것이다. 그에 반해 통화 정책의 경우 정치적으로 독립된(실제로는 아닐 수도 있지만) 중앙은행이 독자적으로 결정하면 된다. 실물경제에 도달하는 파급경로는 복잡하지만 역설적이게도 그 시행 과정은 재정 정책에 비해 매우 간단한 것이다.

중앙은행의 독립성

각국 정부가 중앙은행을 정치적으로 독립시키는 이유도 여기에 있다. 중앙은행이 정치권력과 엮이면 정치인들이 민심을 사기 위해 무분별하게 시장에 돈을 풀 수 있기 때문이다. 이런 행위가 훗날 인류에게 어떤 대가를 치르게 했는지를 보여주는 대표적인 역사적 사례를 독일의 바이마르 공화국의 경우에서 볼 수 있다. 제1차 세계대전 패전국의 멍에를 쓴 독일은 전쟁 배상금을 물기 위해 마르크화를 무차별 발행했는데, 그 결과 1919~1921년에 1조 배나 오른 물가를 경험해야 했다. 이 사태는 이후 1923년에 독일이 렌텐마르크Rentenmark라는 새 화폐를 발행하면서 겨우 수습되는 듯했다. 하지만 1929년 미국에서 시작된 대공황이 전 세계적으로 퍼지자 하이퍼인플레이션Hyper Inflation[21]을 경험하면서 국가에 대한 불신이 커져 있던 독일 국민들은 앞다퉈 은행에서 예금을 인출하기 시작했다. 1931년 결국 독일의 중앙은행은 파산했고 시중 은행과 기업들도 연달아 무너졌다. 화폐

---

21 물가가 연간 수백 % 이상으로 상승하는 현상. 대개 사회적으로 크게 혼란스러운 상황, 또는 정부나 중앙은행이 통화량을 지나치게 늘리는 상황에 발생한다.

시스템 붕괴에서 촉발된 경제적 위기로 국가가 망해가기 시작한 것이다. 정부의 무능함에 대한 독일 국민들의 증오는 결국 '강한 국가, 강한 민족'을 주창하는 히틀러Hitler를 역사 속에 등장시켰다. 그리고 그 결과가 얼마나 참혹했는지는 모두가 아는 아픈 사실이다.

1929년 대공황을 겪으면서 미국 또한 제대로 된 통화 정책의 부재 탓에 고통의 시간이 연장됐던 역사적 경험이 있다. 당시 고전 자유주의 경제학을 따랐던 미 정부는 '불황이 올 경우 정부가 할 일이란 다시 호황이 올 때까지 기다리는 것뿐'이라 생각했다. 다행히 1933년 프랭클린 루스벨트Franklin Roosevelt가 당선되면서 정책 전환이 가능해졌고, 케인스의 경제 이론을 바탕으로 한 뉴딜 정책이 채택되며 미국 경제와 사회는 점차 안정을 되찾을 수 있었다. 이런 역사적 사건 및 그로 인한 교훈 들과 여러 제도적 노력이 더해져 지금과 같은 미국 중앙은행 체제와 그 독립성이 자리잡을 수 있게 되었다.

지구촌에서 가장 영향력 있는 중앙은행을 꼽으라 한다면 단연 미국의 연준을 들 수 있다. 미국 연준은 가장 중요한 임무이자 목표로 물가 안정의 달성을 내세운다. 그다음으로 영향력이 크다 할 수 있는 유럽중앙은행 역시 동일한 목표를 갖고 있다. 일각에서는 이 둘이 갖는 세계관에 차이가 있음을 언급하기도 한다. 대공황의 트라우마가 있는 미 연준은 신용위축을 막는 것을, 하이퍼인플레이션의 트라우마가 있는 유럽중앙은행은 과도한 신용팽창을 억제하는 것을 각각 제1의 임무로 여긴다는 것이다. 하지만 두 중앙은행 모두 공식적으로 표방하는 최우선적 목표는 물가 안정, 그다음은 고용시장 및 금융시장의 안정이라 할 수 있다.

미국의 폴 볼커Paul Volcker 전 연준 의장은 '중앙은행은 근본적으로 선심을 쓸 수밖에 없는 정치와 분리되어 견제의 역할을 해야 한다'며 이를 실행에 옮긴 인물이다. 그가 연준 의장에 취임했던 1970년대 말 당시 미국 경제는 스태그플레이션stagflation[22] 상태였다. 중동의 오일쇼크로 1979년에는 소비자 물가상승률이 11%에 달했으나 경기마저 좋지 않았던 것이다. 물가를 잡으려면 금리를 올려야 하지만, 경기를 생각하면 금리를 내려야 하는 진퇴양난의 상황에서 볼커는 물가 안정을 선택하며 악역을 맡았다. 그는 취임 당시 연 11.2%였던 기준금리를 3개월 만에 연 14%대로 올렸지만 물가를 잡기엔 역부족이었다. 1981년에 소비자 물가상승률이 13%까지 치솟자 결국 볼커는 같은 해 연 21%까지 기준금리를 끌어올렸고, 그 결과 1983년의 물가상승률은 3.2%까지 떨어지며 안정되는 모습을 보였다. 인플레이션 파이터로 악역을 맡았던 볼커는 재임 시절 호신용 권총을 지니고 다녀야 할 만큼 국민들, 그리고 재선에 성공하지 못한 지미 카터Jimmy Carter 대통령의 원성을 샀다. 후에 미국 경제가 장기적으로 호황할 수 있는 기반을 닦았다고 재평가되기도 했으나 지금까지 그는 정치와 독립된 중앙은행의 행보를 보여준 상징적 인물로 남아 있다.

폴 볼커와 다소 상반되는 이미지의 앨런 그린스펀은 미국 연준 의장이라고 하면 떠오르는 대표적인 인물이다. 그는 1987년 볼커의 뒤

---

22 경제가 불황기임에도 물가가 지속적으로 상승하는 성장·고물가 상태.

를 이어 2006년 1월 벤 버냉키에게 자리를 물려주기까지 무려 18년 반 동안 연준 의장의 자리를 지켰다. 그것이 가능했던 이유는 아마 시장에 적절히 돈을 풀면서 정치권력과 공존하는 법을 잘 알았기 때문일 수도 있지 않을까 싶다. 볼커가 물가를 잡는 데 주력한 '매파'였다면 그린스펀은 경제성장을 우선시한 '비둘기파'에 가까웠다. 선임자 볼커의 단호한 정책으로 물가 상승에 대한 국민들의 기대심리가 꺾여 있는 상태는 그린스펀이 경기에 신경을 더 집중할 수 있었던 배경이 되기도 했다. 미국의 다우지수가 22%나 폭락한 1987년의 블랙먼데이Black Monday, 1990년대의 아시아 외환위기, 러시아 디폴트, 헤지펀드인 롱텀캐피털매니지먼트LTCM의 파산, 2000년대 닷컴 버블 붕괴 등의 경제위기 때마다 그린스펀은 과감히 금리를 낮추는 선제적 통화정책을 펼치며 시장을 달랬다. 그에 더해 어눌한 말투와 모호한 화법 또한 그의 장기 재임에 한몫을 했을 듯하다. 그린스펀이 한마디를 할 때마다 수많은 시장의 애널리스트들은 그 뜻을 해석하기 위해 분주해졌는데, 그의 화법은 어쩌면 책 잡히는 상황을 만들지 않으려는 정치적 행위였을 가능성도 있다. 어쨌든 이렇듯 절묘한, 그리고 대체로 완화적인 통화 정책 실행에 '마에스트로'라는 찬사를 들으며 그린스펀은 오랜 기간 동안 정치와 중앙은행의 독립성 사이에서 균형을 이루며 연준 의장의 자리를 지켰다.

금리를 낮추고 돈을 푸는 정책에 따른 대가가 아예 없었던 것은 아니다. 2008년 미국의 서브프라임으로 인한 금융위기가 발생하자 그린스펀의 완화적인 통화 정책에 대한 비판의 목소리가 생겨났다. 지나

폴 볼커(좌)와 앨런 그린스펀(우). (출처: (좌)https://terms.naver.com/entry.naver?docId=938055&cid=
43667&categoryId=43667, (우)http://content.time.com/time/covers/0,16641,19870615,00.html)

친 저금리 정책이 미국 부동산 거품을 키웠고 그 결과 2008년 금융
위기라는, 세기에 한 번 있을까 말까 한 경제적 위기를 불러왔다는 것
이었다. 그린스펀의 뒤를 이은 벤 버냉키가 재임 기간 중 '헬리콥터
벤'[23]의 면모를 발휘하며 엄청난 돈을 풀었지만 재임 말기 당시 미 고
용지표가 불안했음에도 양적완화 규모를 한 번 축소한 다음 재닛 옐
런Janet Yellen에게 자리를 물려준 것도 혹 이런 비난을 면하려는 데
서 나온 행동은 아닐까 싶다.

---

23 버냉키가 연준 이사로 있었던 2002년 당시 '경제가 디플레이션 상태에 빠지면 헬리콥터
로 돈을 공중에서 뿌리는 것이 유용할 수도 있다'고 주장해 얻은 별명.

코로나19 이후 통화 정책과 재정 정책의 동행

우리나라를 포함한 세계 주요국 정부의 경제안정화 정책 측면에서 코로나19 이후 변화된 현상이 하나 있다. 바로 통화 정책과 더불어 역사적으로 선호 대상이 아니었던 재정 정책이 함께 시행되고 있다는 점이다. 현금 지급, 실업수당과 같은 복지의 확대, 세금 및 임대료의 납부 유예, 고용 유지 지원 등 국민들에 대한 직접적인 구제 정책이 시행되었다. 이렇듯 통화 정책에 더해 재정 정책의 병행이 가능했던 것은 코로나19 사태가 정치적 이슈가 아닌 보편적 문제였기 때문이다. 인종, 정치 성향, 나이와 성별을 불문하고 찾아온 재난이었고, 여당이든 야당이든 누구에게나 해당되는 문제였기에 합의가 가능했던 것이다.

비효율적이고 어리석은 정부가 아니라는 전제하에서 통화 정책과 재정 정책의 병행은 바람직하다는 것이 필자의 생각이다. 과거의 경험에 비추어볼 때, 의도된 파급 경로를 따라 흘러가지 않아 자산 가격의 상승과 양극화를 부추기는 통화 정책에만 의존하기보다는 돈의 흐름을 직접적으로 겨냥한 재정 정책이 함께 시행되는 편이 위기 극복에 효과적이고 바람직하기 때문이다.

04

ESG, 국제 자본시장의
새로운 패러다임

ESG란 무엇일까?

최근 뉴스나 유튜브에선 'ESG 경영에 총력을 기울인다' 'ESG 투자를 본격화한다' 'ESG 채권을 발행한다' 'ESG 평가에서 2년 연속 A등급을 획득했다' 등과 같이 ESG라는 용어를 심심치 않게 접할 수 있다. 점차 더 많이 언급되는 만큼 그 중요성 또한 커지고 있는 ESG는 어디에 투자를 하든 투자자라면 반드시 알고 있어야 할 개념이다.

ESG는 환경, 사회, 지배구조의 약자다. 'ESG 투자'는 기업의 재무적 성과를 중점적으로 고려하며 투자하는 전통적 방식과 달리 친환경, 사회적 가치, 지배구조의 투명성과 같은 비재무적 가치를 반영하는 기업에 투자하는 방식을 말한다. 사회책임투자Socially Responsible

ESG의 주요 이슈

환경(E) 이슈	사회(S) 이슈	지배구조(G) 이슈
기후변화 및 탄소배출	고객만족	이사회 구성
대기 및 수질오염	데이터 보호 및 프라이버시	감사위원회 구조
생물의 다양성	성별 및 다양성	뇌물 및 부패
삼림 벌채	직원 참여	임원 보상
에너지 효율	지역사회 관계	로비
폐기물 관리	인권	정치 기부금
물 부족	노동기준	내부 고발자 제도

출처: 금융투자협회

Investment, 윤리적 투자Ethical Investment, 지속가능투자Sustainable Investment 등의 다양한 명칭으로도 불린다.

ESG라는 개념이 중요해지고 있는 이유는 무엇일까? 기업의 궁극적 경영 목표는 우리가 통상적으로 알고 있듯 수익창출을 통한 주주 이익의 극대화가 아니었나? 그렇다면 주주지상주의를 벗어나 사회적 책임을 강조하는 기업에 투자하는 것은 혹 투자 성과에 부정적 영향을 주지 않을까? 이와 관련된 여러 의문들의 해결을 위해, 또 기업들의 사회적 책임을 강조하는 ESG 투자가 발달하고 공론화되는 과정을 이해하기 위해 먼저 17세기 초 네덜란드로 잠시 향해보자.

세계 최초의 주식회사는 식민지 무역을 했던 네덜란드의 동인도회사East India Company다. 식민지 무역은 그 특성상 수익성은 크지만 굉장히 위험하고 투자금도 많이 필요한 장기적 사업이었다. 네덜란드의 항구를 떠난 배가 후추와 향신료 등의 무역품을 싣고 귀환하는 데 성공하면 투자자들에게 큰 수익을 안겨줄 수 있었다. 그러나 항해가 워낙 위험하다 보니 무역품을 싣고 오지 못하면 손해를 보거나, 심지어 배가 풍랑을 만나 침몰되면 원금마저 건지지 못하는 사태도 벌어지곤 했다. 따라서 그들의 사업에는 대규모 선단이 필요해졌고, 이를 꾸리기 위해선 막대한 자금이 있어야 했다. 이에 재정적 부담을 느낀 네덜란드의 상인들과 의회는 국민들로부터 투자를 받아 선단에서 나오는 이익을 나누자는 아이디어를 내기에 이르렀다. 그리고 그렇게 투자받은 돈을 한곳에 모은 뒤 그 자금에 대한 소유권을 나타내는 종이 권리증서를 만들게 되는데, 이것이 바로 근대 주식의 시작이었다. 주주들로부터 투자를 받아 이익을 배당한다는 주식회사의 개념이 최초로 탄생한 것이다.

더불어 주식을 사고팔 수 있는 최초의 거래소 또한 네덜란드에서 생겨났다. 장기 투자였던 사업의 특성상 중간에 투자금을 현금화하거나 반대로 주식의 권리를 신규로 보유 또는 증액하려는 사람들이 생겨나자 이들 간의 주식거래를 수월하게 하기 위해 1609년 암스테르담 증권거래소가 설립되었다.

1976년 노벨경제학상 수상자인 신자유주의 경제학자 밀턴 프리드먼Milton Friedman으로 인해 더욱 부각되긴 했지만, 사실 네덜란드 동인도회사 때부터 글로벌 시장에서 기업 경영의 제1의 목표는 수익창출을 통한 주주이익의 극대화였다. 특히 미국처럼 소유Shareholder, Principle와 경영Manager, Agent이 완전히 분리되어 있는 시스템하에서는 대리인 문제Agency Problem로 인한 비용이 발생할 수 있었는데, 시장은 이를 최소화하기 위해 감시 및 견제하는 역할을 해왔다. 즉, 시장을 통해 주주들은 경영자에게 "당신의 역할은 당신 자신의 이익이 아닌, 주주들의 이익을 극대화시키는 것"이라 말해온 것이다.

그러나 이러한 개념에 대한 철저한 반성이 2008년 금융위기를 계기로 증폭되었다. 물론 ESG라는 개념이 이때 탄생되었다 하긴 어렵다. 기업의 사회적 역할에 대한 중요성은 사실 어제오늘 나온 이야기가 아니기 때문이다. 초기의 ESG 투자는 무기 제조, 담배, 주류, 도박과 같은 특정 산업을 투자에서 배제하는 윤리적 또는 종교적 동기에서 출발했다. 이후 지구온난화와 같은 환경 문제, 인권 문제 등에 대한 사회적 관심이 증가하면서 ESG의 의미와 개념도 꾸준히 진화해왔고, 2006년에는 유엔의 책임투자원칙UN PRI, Principles of Responsible Investing[24]이 제정되면서 국제적으로 공론화되기도 했다.

이렇게 기업의 사회적 책임이 중요하다는 인식이 생겨나던 중 세계는 2008년 금융위기를 맞게 되었다. 경제활동의 주체로 중심적 역할을 수행해왔던 일부 기업의 탐욕이 결국 거대한 사고를 일으켰던 것이

---

24 2006년 4월 27일, 뉴욕 증권거래소에서는 사회책임투자와 관련해 중요한 여섯 가지 원칙이 발표된다. '금융기관들이 투자를 할 때는 투자대상 기업의 ESG 이슈를 고려하겠다'는 것이 핵심인 이 원칙은 코피 아난Kofi Annan 전 유엔 사무총장의 주도하에 UNEP 이니셔티브, 선진 금융기관, 그리고 다양한 전문가 그룹이 참여해 만들어졌다. 네덜란드 공적연금, 캘리포니아 공무원연금, 뉴욕 공무원연금 등의 연기금을 비롯해 헨더슨Henderson, 미쓰비시 UFJ은행Bank of Mitsubishi UFJ과 같은 기관투자가 등 약 30개의 금융기관이 이 원칙에 서명하면서 공론화되었다. (출처: 한국사회책임투자포럼)

다. 서브프라임 모기지라는 월스트리트발 불쏘시개에서 시작된 불은 거대한 화염이 되어 전 세계로 퍼졌고, 그와 아무 상관도 없는 국가들의 보통 사람들이 고통을 겪는 결과를 초래했다. 사고는 금융기관이 발생시킨 것이었음에도 그에 따른 충격은 실물경제에도 퍼져 공장들은 문을 닫고 수많은 사람들은 일자리를 잃어야 했다. 일부 기업들의 도덕적 해이와 탐욕으로 인한 결과 때문에 지불해야 했던 비용은 실로 글로벌 차원에서 막대했으며, 또 고통스러웠다.

그러한 2008년 금융위기는 윤리의 중요성을 부각시키며 ESG 투자가 특히 공공 부문을 중심으로 하여 전 세계적으로 증가하는 계기가 되었다. 단순히 돈만 버는 기업에 투자하기보다는 인류에 도움이 되는 기업에 투자해야 한다는 반성의 목소리가 커진 것이다.

ESG 투자 관련 글로벌 '큰손'들의 움직임

그 과정에서 ESG 투자가 선제적으로 발전한 곳은 유럽이었다. 2010년 영국은 기관투자가의 적극적 의결권 행사 지침인 스튜어드십 코드Stewardship Code를 가장 먼저 도입했다. 스웨덴 공적 연기금인 제2국가연금펀드AP2, 노르웨이 국부펀드CPFG, 네덜란드 연기금ABP 등의 연기금을 중심으로 유럽에선 이제 ESG 투자가 보편화되어 있다.

미국에선 ETF 시장을 중심으로 ESG 투자가 확대되었는데, 세계 최대의 운용사 블랙록BlackRock과 뱅가드Vanguard가 이를 주도하고 있다. 2020년 1월 블랙록은 연간 주주서한을 통해 지속가능성을 투

주요 5개 지역 및 국가의 ESG 투자 현황

단위: 십억 달러

지역/국가	2016		2018		증감액
	금액	비중(%)	금액	비중(%)	
유럽	12,040	52.7	14,075	45.9	↑ 2,035
미국	8,723	38.2	11,995	39.1	↑ 3,272
일본	474	2.1	2,180	7.1	↑ 1,706
캐나다	1,086	4.8	1,699	5.5	↑ 613
호주/뉴질랜드	516	2.3	734	2.4	↑ 218
합계	**22,839**	**100**	**30,683**	**100**	**↑ 7,844**

출처: 2018 Global Sustainable Investment Review, GSIA

자의 새로운 지표로 삼아 기후변화의 중요성을 강조했다. 이어 같은 해 말에는 모든 포트폴리오 및 자문 전략들에 ESG 기준을 전적으로 반영할 것임을, 또 동일한 맥락에서 ESG와 관련된 ETF 및 ESG 인덱스 펀드의 수를 향후 몇 년 안에 두 배인 150개로 늘리겠다고 공표하기도 했다. 미국의 캘리포니아 공무원연금CalPERS은 공공 부문에서 연기금 중 최초로 ESG 투자 원칙을 도입, 그 규모를 빠르게 확대해나가고 있다.

현재 우리나라는 초기 시장 형성 단계로, 시작은 역시 공공 부문을 중심으로 한 ESG 도입이었다. 국민연금은 사회책임투자 확대를 위한 발판으로 2017년 스튜어드십 코드의 도입을 발표했다. 이어 2019년 11월엔 '책임투자 활성화 방안'의 후속 조치로 국내 주식 일부에만 머물러 있던 책임투자의 범위를 주식 전체와 채권에까지 적용, 2022년까지 전체 운용 자산의 50%로 확대하겠다는 방침을 발표했다.

이러한 국민연금을 필두로 국내 주요 연기금인 공무원연금, 사학연금, 우정사업본부 및 한국투자공사와 같은 국부펀드 등 공공 부문의 '큰손'들은 책임투자 움직임에 동참하며 중심이 되어가고 있는데, 최근엔 민간 부문에서의 움직임 또한 부쩍 활발해진 모습이다. 은행들은 ESG 채권을 잇따라 발행하고, 증권사들은 IB 부문의 ESG 사업을 강화하여 신재생 에너지 분야의 딜을 진행하거나 그린본드의 발행을 주관하기도 한다. 또 해외 탄소배출권 사업에 진출하거나 자체적으로 ESG 지수를 개발하는 등 다양한 방식으로 ESG 투자 분위기에 편승하는 모습이다.

ESG 투자, '당위성'을 넘어 '수익성'으로

2008년 금융위기, 코로나19 팬데믹을 지나면서 세계 각국의 재정 지출은 급증하고 정부의 영향력은 과거에 비해 말할 수 없이 커졌다. 이와 관련하여 일각에선 'ESG 투자가 공공 부문에서 이니셔티브를 가지고 주도하고 있는 것, 미국에 비해 민간 경제의 활력이 떨어진 유럽에서 먼저 기반을 다진 것도 어쩌면 명분이 중요한 정부 주도의 경제 활동이 갖는 '당위성'이 주로 작용한 결과'라는 주장이 제기되고 있다. 논란의 여지는 있으나 이런 주장 때문에 ESG 투자가 '수익성'과는 상충되는 결과를 가져오는 것이 아니냐는 우려의 목소리도 존재한다. 특히 국민연금의 경우엔 '장기 수익성 향상에 대한 근거가 부족한 개념을 우리나라 국민의 노후자금을 담보로 하여 투자에 접목시키는 것이 타당한가'에 대한 논란도 있는 상황이다. 그렇다면 정말 ESG투자는 상대적으로 수익률이 저조할까?

미국의 모건스탠리 캐피털Morgan Stanley Capital International은 MSCI 지수로 불리는 세계 주가지수를 지역별, 국가별, 경제 규모별 다양한 분류로 산출하여 발표한다. 각 MSCI 지수들은 글로벌 연기금을 비롯한 세계 대형 펀드들의 주식투자 기준, 즉 벤치마크BM, Benchmark[25] 지수로 사용되고 있기 때문에 시장에서는 매우 중요한 지표가 된다. 그중 2011년 6월 론칭된 사회적 책임투자 지수MSCI World SRI Index(이하 'SRI 지수')는 23개 선진국에서 ESG 점수가 높은 대형주 및 중형주로 구성된 지수다. SRI 지수를 MSCI 선진국 지수와 비교해보니 SRI 지수의 장기 누적 수익률이 상대적으로 우수하게 나타났다. 또한 2008~2019년의 연간 수익률을 비교해봐도 SRI 지수의 성과는 선진국 지수의 수익률에 결코 뒤지지 않았으며, 특히 시장이 두드러진 약세를 보인 해에는 변동성이 낮게 나타났음을 확인할 수 있었다.

특히 2020년 코로나19 팬데믹은 ESG 투자가 위기 국면에서 상대적으로 굉장히 안정적인 수익률을 거둘 수 있음을 뚜렷이 보여준 계기가 되기도 했다. 아래 자료에서 확인할 수 있듯, 2020년 들어 연초 이후 수익률이 5% 차이가 난다. 마찬가지로, ESG 등급이 높은 유럽

---

25 운용 수익률 평가를 위한 기준 잣대로, 투자성과를 비교하기 위한 비교지수를 지칭.

의 상장 기업으로 구성된 MSCI 유럽 ESG 리더스 지수Euroup ESG Leaders Index는 2020년 9월 15일 기준 직전 1년간 MSCI 유럽 지수Europe Index(1.2%)와 9%가 넘는 수익률 차이를 보이며 10.7% 상승했다. 국내 또한 예외는 아니다. 미국의 펀드평가회사인 모닝스타Morning Star에 따르면 2020년 3분기 역대 최대 규모인 8,429억 원으로 커진 한국의 ESG 펀드는 최근 1년 수익률이 38.01%로 같은 기간의 코스피 상승률인 17.50%를 크게 웃돌았다고 한다.

개인들도 이왕이면 '착한' 투자

'친환경'은 이미 세계적인 트렌드다. 영국과 독일은 2030년부터 석유를 연료로 사용하는 내연기관 자동차를 판매하지 않기로 했고,

누적 수익률(%)

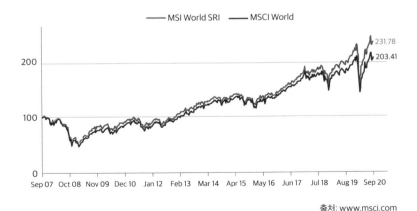

출처: www.msci.com

연간 수익률(%)

년도	MSCI World SRI	MSIC World
2019	30.54	28.40
2018	-6.17	-8.20
2017	24.34	23.07
2016	8.36	8.15
2015	-1.05	-0.32
2014	4.45	5.50
2013	28.04	27.37
2012	13.95	16.54
2011	-5.01	-5.02
2010	11.17	12.34
2009	33.10	30.79
2008	-37.60	-40.33

출처: www.msci.com

총 수익률(%) (2020년 9월 30일 기준)

	1개월	3개월	1년	연초 이후	연율			
					3년	5년	10년	2007년 9월 28일 이후
MSCI World SRI	-3.05	8.68	16.80	7.19	11.75	13.30	10.55	6.67
MSCI World	-3.41	8.05	10.99	2.12	8.33	11.10	9.99	5.61

출처: www.msci.com

2040년으로 시기의 차이는 있으나 프랑스와 스페인도 같은 결정을 내렸다. 미국 역시 조 바이든Joe Biden의 대통령 당선과 함께 다시금 친환경 트렌드로 복귀했다. 파리기후변화협약을 탈퇴하면서 자국의 굴뚝 산업을 우선시했던 도널드 트럼프Donald Trump와는 정반대의 행보를 준비 중인 것이다. 이산화탄소 최대 배출국인 중국 또한 2035년까지 내연기관 자동차 생산을 중단하겠다고 발표했으며, 글로벌 기업들도 발 빠르게 이런 시류에 올라타고 있다. 구글Google, 마이크로소프트Microsoft, 아마존Amazon, 포드Ford 등은 실질적 이산화탄소 배출량을 0으로 만드는 탄소 중립을 선언했다. 2020년 10월엔 우리나라의 삼성물산도 친환경 경영 강화를 위해 석탄 관련 투자, 시공 등 신규 사업은 전면 중단하고 기존 사업은 완공 및 계약 종료 등에 따라 순차적으로 철수한다는 '탈석탄 방침'을 발표하기도 했다.

ESG 투자라고 하면 왠지 연기금, 국부펀드 등 '큰손'들의 영역인 듯 거창한 느낌이 들어 개인투자가와는 거리가 있다고 여겨질 수 있다. 하지만 결론부터 말하자면 전혀 그렇지 않고, 오히려 개인들 역시 적극적으로 뛰어들어야 할 중요한 트렌드다. 소셜미디어의 발달로 개개인이 목소리가 사회에 미칠 수 있는 파급력은 그 어느 때보다 커진 상황이다. ESG 투자는 개인들이 기후변화 문제 해결을 위해 좋은 영향력을 행사하고, '갑질' 기업 등 악질 기업을 사회에서 반출시키고, 기업 행동이 사회에 이익이 되게끔 만들어가는 데 사용 가능한 괜찮은 장비가 될 수 있다. 그에 더해 장기적 수익성도 포기할 필요가 없으니 굳이 발을 뺄 이유가 없다.

그렇다면 개인들은 자산관리 및 투자에 ESG 요소를 어떻게 적용할 수 있을까? 하나는 코덱스200 ESG, 타이거 MSCI 코리아 ESG, 아리랑 ESG 우수기업 ETF 등의 ESG ETF에 투자하는 방법이다. 이렇게 하면 별도로 ESG 종목 분석 및 선정에 많은 노력을 하지 않아도 되어 편리하고, 시장에서 주식처럼 즉시 사고팔 수 있는 데다 수수료도 주식이나 수수료도 저렴하다. 다만 아직 관련 시장이 크지 않기 때문에, 앞서 언급한 ETF들의 시가총액이 크지 않고 거래량도 충분하지 않아 매수/매도의 호가 차이가 크다는 한계가 있다. 이러한 한계는 시간이 흘러 ESG 투자가 활성화된다면 점진적으로 해소될 것으로 보인다.

또 다른 방법은 사회책임투자 펀드, 그린 펀드, 주주가치 포커스 펀드 등 ESG 관련 펀드에 투자하는 방법이다. ESG ETF가 ESG 지수를 중심으로 하는 소극적Passive 투자인 데 반해 ESG 관련 펀드들은 분석과 밸류에이션을 통해 ESG 투자 대상 종목을 발굴하고 지수보다 높은 수익을 추구하고자 하는 적극적Active 투자 운용 방식을 취한다. 앞서 언급한 간접 투자 방식보다 직접 투자 방식을 선호하는 투자자라면 기업지배구조원이나 서스틴베스트Sustinvest 등 관련 기관에서 발표하는 개별 기업들의 ESG 점수를 참조하는 것이 도움이 될 것이다.

ESG 투자에는 ESG 스코어 등 계량적 수치도 필요하다. 하지만 그보다 중요한 것은 투자에 대한 개념이다. 장기적으로 기업이 존속하고 수익성을 유지하려면 이젠 단순히 단기적 성과에 집착하고 돈만 벌어서는 안 된다는 뜻이다. 기업의 주인은 주주가 맞지만 기업의 영

속성Going Concern 측면에서 보면 함께 발맞춰가야 할 이해관계자 집단Stakeholder이 추가적으로 존재한다. 제일 가깝게는 직원들, 그리고 그 외로는 소비자, 하청업체, 거래처, 지역사회, 국가 등이 있다. 기업은 인간답게 일할 수 있는 환경을 조성하고, 직원들이 각자의 역량을 발휘할 수 있는 분위기를 만들어 독려하며, 소비자에겐 좋은 물건을 합리적인 가격에 제공해야 한다. 또 하청업체 및 거래처에겐 미래에 함께 성장할 수 있을 거란 믿음을 주고, 지역사회와 연계하며, 납세의 의무를 충실히 이행하는 등의 역할을 더불어 수행해야만 기업의 지속가능성이 훨씬 높아질 수 있다. 궁극적으로는 환경, 사회적 책임, 투명한 지배구조 측면에서 장기적으로 이해관계 당사자들, 나아가 인류에게 도움을 주는 기업이 되어야 한다는 뜻이다.

ESG는 시장자본주의의 단점을 보완하는 측면에서도 향후 계속해서 중요한 테마가 될 것이다. 개인투자가인 우리는 이 점과 더불어, 앞으로는 단순히 '어떤 기업이 돈을 잘 버는가'뿐 아니라 '어떤 기업이 바람직한 기업인가'를 판단하고 투자해야 장기적으로 좋은 성과를 낼 수 있다는 점을 잊지 말아야 한다.

05

코리아 디스카운트

신흥국보다도 싼 한국 시장

2008년 금융위기 이후 미국을 대표하는 지수인 S&P500은 저점
(666.79포인트) 대비 약 다섯 배, 기술주 위주인 나스닥 지수는 저점
(1,265.52포인트) 대비 약 열 배가 올랐다. 반면에 대한민국을 대표하는
코스피 지수는 2019년까지 수년간 2,000포인트 근처에서 오르락내
리락만을 반복했다. 오죽하면 코스피가 아닌 '박스피'[26]라 불렸을까.
그나마 2021년 들어서는 동학개미의 매수세에 힘입어 3,000포인트

---

26 박스Box와 코스피Kospi를 합쳐서 만든 신조어. 주가가 일정 폭 안에서만 지속적으로
오르내리는 것을 말한다.

를 넘어섰지만, 앞서 언급했듯 밸류에이션 측면에서 보자면 그전까지 한국 주식시장은 미국은 물론 여타 신흥국보다도 낮은 가격에 거래되어 왔다. 세계 10위권의 무역규모나 경제 펀더멘털을 고려할 때 말도 안 되는 이 현상을 글로벌 금융시장에선 코리아 디스카운트라 부른다. 이런 현상은 대체 왜 일어난 걸까?

먼저 코리아 디스카운트의 의미에 대해 알아보자. 코리아 디스카운트는 한국의 주식이 늘 싸게 거래되는 현상, 즉 수익성이나 성장성 등이 비슷함에도 한국의 기업들이 다른 나라의 기업들에 비해 시장에서 상대적으로 저평가되는 것을 지칭한다. 투자자들이 다른 나라 기업들에겐 적용하지 않는 리스크 요인을 한국 기업들에겐 추가적으로 적용하여 기업가치를 상대적으로 낮게 평가한다는 의미인 것이다. 대한민국의 국민, 혹은 주식투자의 상당 부분을 한국 시장에 투자하고 있는 투자자라면 한국 기업들이 글로벌 시장에서 제값을 받지 못하는 이 현상을 분명 짚고 넘어가야 할 필요가 있다. 어느 정도로 싸게 팔린다는 것인지, 그 정도는 고개를 끄덕이며 수긍할 수 있는 수준인지 아닌지, 또 개선할 부분을 찾아 시장의 숨통을 틔워 새로운 투자 기회를 포착할 수 있는 가능성은 있는지 등을 고민하는 과정이 필요하다는 뜻이다.

주가수익비율PER, Price to Earnings Ratio과 주가순자산비율PBR, Price to Book Value Ratio은 한 기업의 주가가 타 기업에 비해 지나치게 높게, 혹은 낮게 평가되고 있는지의 여부를 알아보려 할 때 통상적으로 사용하는 상대비교 방법이다. PER은 주가를 기업의 주당 순이익

EPS, Earnings Per Share으로 나눈 비율로, PER이 높으면 주당 벌어들이는 이익에 비해 주식의 가격이 높게 형성되어 있음을, 즉 고평가되어 있음을 의미하고 그와 반대로 낮으면 저평가되어 있음을 나타낸다.

PER 개념은 기업이 아닌 국가별 또는 선진국, 신흥국 같은 경제권별 범위로도 확장시켜 적용해볼 수 있다. 한국은 가령 주식시장을 대표하는 대기업으로 구성된 코스피200 지수를 사용해 PER을 산출할

해외 주요 시장의 PER 비교[27]

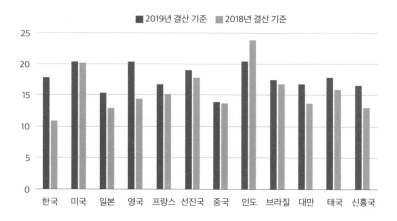

출처: 한국거래소[28]

---

27 한국은 코스피200 기준이며 해외 주요시장은 MSCI의 국가별 대표지수를 기준으로 산출했다. 선진국에는 23개국, 신흥국에는 26개국이 포함된다.

28 한국 시장의 2019년 결산 기준 평균 PER은 18.6배로 2018년 결산 기준 평균 PER(10.8배)에 비해 언뜻 큰 폭으로 상승한 듯 보인다. 그러나 한국거래소의 분석에 따르면 이는 시가총액(분자)의 감소폭 대비 이익(분모)의 감소폭이 더 큰 점에 기인한다고 한다.

해외 주요 시장의 PBR 비교

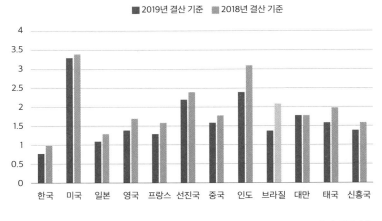

출처: 한국거래소

수 있는데, 역사적으로는 평균 12배 내외에서 움직였다. 평균적으로 20배 내외에서 움직이는 미국 시장에 비하면 반값이고 중국, 인도, 브라질, 대만 등과 같은 신흥국 평균과 비교해도 한국 시장은 역시 디스카운트된 가격으로 거래되고 있음을 알 수 있다.

　주가를 상대비교할 때 역시 널리 사용되는 PBR은 주가와 한 주당 순자산을 비교한 지표로, 회사가 청산될 경우 주주가 배당받을 수 있는 자산의 가치를 수치화한 것이다. 즉, PBR이 1 미만이라면 주가가 청산가치에도 못 미친다는 뜻이 된다. 그런데 다음의 그래프에서 볼 수 있듯 우리나라의 PBR은 2019년 결산 기준 1배가 안 된다. 한국의 상장사들이 1년에 벌어들이는 영업이익이 100조 원 이상임을 감안하면 이해하기 어려운 수치다. 대한민국을 하나의 상장된 기업이라고 봤을 때, 그 기업의 자산이 돈을 벌지 못하면 주식이 순자산 이하로 거래되는 것이 맞다. 하지만 자산이 돈을 벌고 있음에도 PBR이 1배 이하로 거래된다는 것은 상식적이지 않은 현상이다.

국가 단위가 아닌 기업의 단위로 범위를 좁혀 살펴봐도 상황은 크게 다르지 않다. 대표적으로 삼성전자와 글로벌 경쟁 업체라 할 수 있는 애플Apple 그리고 대만의 파운드리Foundry 기업인 TSMCTaiwan Semiconductor Manufacturing Company를 비교해보자. 2020년 기준 삼성전자의 PER은 14배 정도인데, 모바일 부문의 경쟁업체인 애플은 32배, TSMC는 33배 수준이다. 물론 이 세 업체의 절대비교는 사실 어려운 면이 있다. 애플은 자체 OSOperating System 소프트웨어를 보유하고 있기 때문에 앱 내에서 자신들의 생태계를 가지고 있다. 또 매출의 20% 이상이 아이폰, 아이패드 등의 디바이스가 아닌 서비스 사업부문에서 나오고, TSMC의 경우엔 주요 사업인 파운드리의 업황이 삼성전자의 주력 분야인 메모리 반도체에 비해 안정적이라 이익 변동성이 적은 편이기 때문이다. 그러나 이런 점들을 감안해도 지금과 같은 밸류에이션의 차이는 부자연스럽게 느껴진다.

한국의 주식은 왜 싸게 거래되어왔나?

한국의 주식이 다른 나라에 비해 싸게 거래되는 데는 크게 다음과 같은 점들이 원인으로 작용하기 때문이라 생각된다.

첫 번째는 한국 시장이 MSCI 선진국 지수가 아닌 MSCI 신흥국 지수에 편입되어 있다는 점이다. MSCI 지수들이 특히 주목받는 이유는 전 세계 주요 자금들의 벤치마크로 사용되기 때문이다. 특히 글로벌 자금의 메이저 플레이어로서 자본시장을 주도하는 연기금, 퇴직연금, 국부펀드 같은 기관들은 대부분 벤치마크 플레이어다. 액티브하게 종목을 선정하여 알파를 추구하는 액티브 펀드 매니저나 헤지펀드는 사실 글로벌 시장에서 마이너 플레이어들이라 할 수 있다. 국민연금과 같은 우리나라의 기관 자금들 역시 액티브 알파를 추구하는 전략보다는 기본적으로 자산배분을 통해 시장지수 수익률을 따라가는, 즉 시장 베타를 추구하는 경향이 강하기 때문에 그들에게 있어 가장 중요한 목표는 시장의 벤치마크를 따라가는 것이라 할 수 있다. 이렇듯 내부적으로 설정된 위험관리Risk Management 가이드라인 안에서 안정성을 추구하며 투자하는 '큰손'들이 대체로 사용하는 벤치마크 지수가 선진국 및 신흥국 49개국이 포함된 MSCI 세계 지수 All Country World Index, 특히 그중에서도 23개의 선진국으로 구성된 MSCI 선진국 지수다. 여기에 더해, ETF를 중심으로 나날이 커지고 있는 패시브 펀드의 경우에도 주로 MSCI 선진국 지수를 추종하는 자금이 많다.

상황이 이렇다 보니 MSCI 신흥국 지수에 편입되어 있는 한국 시장은 전 세계 주류인 기관투자가나 패시브 자금들로부터 제대로 평가받지 못하고 있는 실정이다. 통상적으로 패시브 자금들은 한국 시장을 콕 집어서 투자하기보다는 이머징 시장의 한 부분으로서 한국 주식을 들고 있는 경우가 많다. 가령 글로벌 기관투자가의 입장에서 향후 이머징 시장 전체를 좋지 않게 본다면, MSCI 신흥국 지수에 있는 국가들을 비중별로 모두 줄일 수 있다. 따라서 신흥국 지수에 포함되어 있는 한국은 이런 경우 결과적으로 브라질, 아르헨티나, 터키 등의 국가들과 글로벌 자금 흐름의 관점에서 동일한 취급을 받으며 팔려나간다. 한국은 경제규모로 보나 경제 펀더멘털로 봤을 때 글로벌 10위권 안으로, 주류 시장에 있기에 충분하다. 반면 현실은 이와 반대로 글로벌 자금 흐름에서 주류에 편입되지도, 적정한 밸류에이션을 적용받지 못하고 있다. 한국이 '제값'을 받기 위해서 선진국 지수로의 진입이 필요한 상황이다.

두 번째 요인으로는 시장에서 가장 많이 이야기되는 거버넌스 Governance 이슈를 들 수 있다. 거버넌스는 지배구조를 나타내는 광의의 개념으로 지배주주와 소액주주 등의 권리, 경영진과 이사회, 내부 통제, 의사결정 체계 등 기업 활동과 관련된 다양한 이해관계자들이 구성하고 있는 일종의 생태계를 의미하는데, 쉽게 말하자면 '주요 경영 의사결정을 누가, 어디서, 어떻게 하는가'를 뜻한다.

사실 과거 코리아 디스카운트의 주요 요인으로 대개 언급되었던 것은 지정학적 리스크였다. 남북분단의 상황 속에서 들리는 북한의 핵 개발 소식은 한국 시장을 한 번씩 크게 출렁이게 하는 중요 이슈였다. 하지만 시간이 지날수록 북한 리스크의 영향력은 그간의 '학습효과'로 인해 많이 줄어들어, 이제는 그런 소식에도 주식시장이 덤덤한 모습을 보이는 경우가 많아졌다. 세계적 신용평가사 무디스Moody's 또한 2019년 10월 영국에서 개최된 투자자 라운드테이블에서 '북한 관

련 지정학적 리스크로 인한 코리아 디스카운트는 과거보다 완화됐다'
고 평가했다.

이러한 북핵 관련 이슈와 반대로 거버넌스 이슈는 갈수록 주목을
받고 있다. 스튜어드십 코드의 채택, ESG 요인 증대와 같은 국내외적
기류의 변화로 투자 판단을 내리는 데 기업의 거버넌스 분석이 필수
요소가 되면서 그 중요성이 어느 때보다 대두되고 있는 것이다. 그러
나 안타깝게도 글로벌 시장은 한국 기업들의 거버넌스 수준이 상당
히 뒤처져 있다고 평가하고, 그 이유로 소유와 경영이 완전히 분리되
어 있지 않은 기업들의 현실을 언급하곤 한다.

미국의 경우 오래된 기업들은 대부분 소유와 경영이 분리되어 있
고, 경영자들의 최우선 목표는 주주들의 이익을 극대화하는 것이며,
이런 목표는 사람들에게 정서적으로도 거부감 없이 당연하게 받아들
여진다. 그에 반해 한국의 역사적인 배경과 분위기는 미국과 다르다.
한국 자본주의 발달의 역사를 돌아보면 자생적 자본주의가 아니었
다. 8·15 해방 이후 6·25 전쟁을 겪으면서 자생적인 자본 축적의 과
정이라 할 만한 것이 없었기 때문이다. 시장자본주의와 공산주의가
대치했던 냉전 시대의 한국은 미국과의 강한 동맹 분위기하에 이른바
차관이라는 형태로 자본을 수입했다. 그리고 베트남전쟁에 파견된 군
인들이 달러로 월급을 받는 정도로만 자본을 축적하고 있었다. 그러
다 1960년대 초부터 정부 주도의 경제개발 5개년 계획이 시작되면서
소위 '자본 축적의 역사'도 시작되었다. 현재 삼성전자의 이재용 부회
장, 현대자동차그룹의 정의선 회장 등 재벌가의 3세들이 기업을 경영

하고 있으나, 아직 기업의 역사로 보면 소유와 경영이 완전히 분리되기에는 길지 않은 역사를 가지고 있는 것이다. 여기에 개인주의적 성향이 강한 서양과 달리 한국은 유교문화를 정서적 바탕으로 한다. 자신이 이룬 가업을 자식에게 물려주겠다는 문화적인 특성 또한 소유와 경영을 완전히 분리시키지 못한 채 혼재하게 만든 원인인 것이다.

소유와 경영이 분리되어 있는 경우가 우리나라에 없는 것은 아니다. 그 대표적인 예가 금융 산업, 은행이다. 다만 미국 같은 시장과의 결정적인 차이점이 있다면 주주가 아닌 정부에서 경영권을 행사하는 경우가 빈번하다는 것이다. 미국 혹은 서구 자본주의 시스템에서의 경영권은 주주, 즉 시장이 가지고 있다. 경영자들이 주주 이익을 극대화하고 주가를 부양하려는 것, 배당을 많이 하는 것, 돈이 생기면 자사주를 매입하는 것 등은 모두 주주로부터 신임을 얻어 자기 자리를 보전하기 위한 노력이라 할 수 있다.

그러나 투자자의 입장에서 보면 우리나라의 구조는 매우 애매하지 않을 수 없다. 투자자로서 주식을 산다는 것은 곧 그 회사의 주인이 된다는 것인데, 우리나라에선 소유주의 개념이 주주와 오너십으로 분리되어 있기 때문이다. 다시 말해 주주로서 내가 가지고 있는 한 주와 기업 총수가 가지고 있는 한 주는 동일해야 함에도 주주로서의 내 권리, 특히 중요 의사결정에 참여할 수 있는 권리가 제대로 행사되지 않는 구조인 것이다. 선택의 폭이 넓기 때문에 굳이 한국 기업의 주식을 사지 않아도 되는 외국인의 입장에서 이는 더욱더 한국의 주식을 저평가하는 이유가 된다.

사실 소유와 경영이 완전하게 분리된 구조가 정말로 이상적인 것인지에 대해서는 좀 더 생각해볼 필요가 있다. 장점도 분명 있지만 강력한 오너십 구조가 사라졌을 때의 부작용 또한 있을 것이기 때문이다. 그러나 이와 관련된 생각은 뒤에서 살펴보기로 하고, 여기에선 거버넌스 이슈가 한국에서 디스카운트 요인으로 작용하는 것과 관련된 두 가지 실례實例를 구체적으로 들여다보자.

제일모직과 삼성물산의 합병

2015년 5월 26일, 제일모직과 삼성물산은 언론사에 긴급 보도자료를 뿌렸다. 전날 발생한 제일모직 경기도 물류창고 화재 사건과는 전혀 무관한 내용의 그 보도자료에는 두 회사가 7월 임시주주총회를 거쳐 9월 1일자로 이사회를 연 뒤 합병을 마무리하겠다는 계획이 담겨 있었다. 제일모직과 삼성물산의 합병 비율은 1대 0.35였고, 단 한 명의 이사도 합병비율에 이의를 제기하지 않았다 한다. 2013년부터 진행되고 있던 계열사 간 통폐합 작업과 2014년 5월 급성 심근경색으로 쓰러진 고故 이건희 회장의 갑작스러운 건강악화로 후계구도 재편 구상이 빠르게 진행되는, 어떻게 보면 예정된 수순을 밟아가는 과정이었다.

삼성그룹의 얽히고설킨 순환출자 구조는 삼성물산과 삼성생명, 삼성전자로 단순화되었다. 삼성물산 사장은 삼성물산의 글로벌 역량과 제일모직의 특화된 사업을 결합해 기업 경쟁력을 더욱 높일 것이라 천명했다. 하지만 시장은 동요했다. 삼성물산 주식을 7% 넘게 보유하고 있던 헤지펀드 엘리엇Elliott은 반발했고, 합병 발표 이튿날 외국인들은 1,400억 원어치 이상의 삼성물산의 주식을 팔아치웠다. 5년래 가장 많은 순매도 규모였다.

이렇게 동요한 원인은 합병 비율에 있었다. 당시 삼성물산은 제일모직에 비해 매출은 다섯 배, 자산총계는 세 배에 달했기에 공시된 합병 비율인 1대 0.35는 삼성물산 투자자에겐 도무지 납득되지 않는 수치였다. 제일모직이 자사보다 세 배 정도 큰 삼성물산을 불과 3분의 1의 가치로 삼켜버리는, 무언가 억지스러운 면이 있었던 것이다. '제일모직의 주식 가치는 높게, 삼성물산의 주식 가치는 낮게 잡아 그룹 전반의 경영권을 강화하고 총수 일가의 지배권 승계를 유리하게 하려는 합병'이란 주장이 제기된 것도 그 때문이었다.

물론 삼성의 주장대로 자본시장법[29]상의 문제는 없었다. 다만 합병 비율을 정하는 주가의 평균을 내는 기준 기간이 한 달, 1주일로 지나치게 짧았던 것이 문제였다. 비상장 주식의 경우에는 보통 수익 가치와 자산가치를 평가하여 합병 비율을 정하고, 직관적으로 생각해봐도 이것이 합리적으로 보인다. 그에 반해 상장되어 있는 두 회사를 합병할 때에는 양사의 주가를 기준으로 합병 비율을 정하는데, 그 이유

---

29 자본시장과 금융투자업에 관한 법률 제165조의4 제1항 제1호와 시행령 제176조의5 제1항 제1호에 따르면, 주식시장에 상장된 회사 간 합병을 할 때는 이사회 결의일이나 합병계약 체결일 중 앞서는 날의 전일을 시작으로 최근 1개월간의 평균종가, 혹은 최근 1주일간이나 최근일의 평균종가를 기준으로 합병가액을 산정해야 한다. 이렇게 산정된 합병가액의 30% 범위에서, 계열회사 간에는 10% 범위에서 할인 또는 할증한 가액이 합병가액이 된다.

는 주가에 이러한 모든 요소들이 이미 반영돼 있다고 보기 때문이다. 물론 충분한 기간을 가지고 주가의 장기 평균값을 낸다면 사실 큰 문제는 없다. 다만 석연치 않은 부분은 주가 평균을 내는 기간이, 특별한 목적이 있을 경우 의도에 맞게 주가의 수준을 조절할 수 있을 정도로 짧은 기간이었다는 점이다. 이에 더해 삼성물산의 주식은 저평가, 제일모직의 주식은 고평가되어 있는 시기에 합병을 발표했다는 점까지 종합하여 생각해보면 당시 삼성물산의 주주 입장에서는 매우 석연치 않은 느낌을 지울 수 없었다. 특히 외국인 투자자들에게 있어 이 합병 건은 오너 일가를 중심으로 돌아가는 한국 재벌 기업의 불투명한 지배구조를 다시금 확인하는 계기가 되었다.

LG화학의 물적 분할

LG화학은 2020년 9월 17일 이사회를 개최, 배터리 사업을 하는 전지사업부의 분할을 결의했다고 발표했다. 전문사업 분야에 집중함으로써 기업가치와 주주가치를 높이기 위한 목적의 분할이었다. 이어 10월 30일 임시주주총회의 승인을 거친 후 12월 1일부터는 배터리 사업을 전담하는 신설 법인 'LG에너지솔루션'이 공식 출범했다. 이 신설법인은 LG화학이 주식 100%를 소유하는 물적 분할 방식을 택했다.

LG의 입장에서만 오롯이 생각해본다면 분할의 방식 및 시점은 적절했다. 전기차 배터리 사업은 2020년 2분기부터 흑자로 전환되었고 구조적인 이익 창출 기반 또한 마련된 시점이었기 때문이다. 또한 이에 따른 신규 시설 투자가 이뤄지고 있던 참이었기에 대규모 투자자 금을 적기에 확보해야 할 필요성도 높아진 상황이었다. LG화학이 물적 분할을 택한 것은 그룹의 지배력을 유지하면서 외부 투자금을 유치하기가 수월하다는 이유에서였다. 또한 인적 분할을 할 경우 LG그룹 차원에선 지주회사법에 의해 신생 법인의 지분 30.09%를 확보하기 위해 겪어야 할 자금 부담 문제를 고려하지 않아도 되었다.

이처럼 LG화학의 분할은 사실상 겉으론 아무 문제가 없었으나 개인투자자들의 불만은 커져만 갔다. LG화학은 이전부터 배터리 사업 부문의 분할을 꾸준히 예고해왔기에 예상치 못한 일은 아니었다. 또한 분할을 하면 LG화학이 주장하듯 전문 분야에 집중할 수 있고 경영 효율성도 증대되어 기업가치를 제고하고 주주가치를 극대화할 수 있다는 점도 납득할 수 있었다. 문제는 투자자들이 바랐던 인적 분할

LG화학의 예로 본, 물적 분할과 인적 분할에 따른 지분 구조의 차이

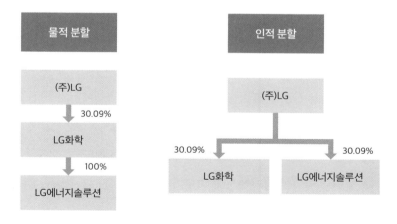

방식이 아닌 물적 분할 방식이 선택된 데 있었다. 이 둘은 어떤 차이가 있기에 이렇게 이해관계가 상충되는 상황이 벌어진 걸까?

LG화학이 진행하는 물적 분할은 기업의 재산만을 분할하여 새로운 자회사를 설립하는 것이었다. LG화학이 LG에너지솔루션의 지분을 100% 소유하게 되고, LG화학의 주주들은 LG화학을 통해 LG에너지솔루션을 '간접적'으로 보유하게 되는 형식인 것이다. 그러나 인적 분할을 하면 기존 주주들의 보유 주식이 쪼개진다. 즉, LG화학이 기존에 발행했던 주식은 사업 부문별 순자산을 기준으로 결정된 분할 비율에 따라 나뉜다는 뜻이다. 가령 LG화학과 LG에너지솔루션의 자본금 분할비율이 7대 3이라면, 기존 LG화학 주식을 100주 들고 있던 투자자는 분할 후 LG화학의 주식을 70주, LG에너지솔루션의 주식을 30주 갖게 된다. 사실 이론적으로는 물적 분할을 하든 인적 분할을 하든 주주가치와 지배력에는 차이가 없다.

기존의 주주가 문제를 제기하는 점은 사실 향후 LG에너지솔루션이 기업공개IPO를 하고 상장을 할 때 발생한다. 그렇게 되면 제일 먼저 LG에너지솔루션에 대한 LG화학의 지분이 희석될 수 있다. 즉, 기존 LG화학 주주들의 간접 지배력마저 약화되는 것이다. 또한 배터리에 투자하고자 하는 수요가 몰려 LG화학이 수급 측면에서 손해를 볼 가능성이 있을 뿐 아니라, 통상 지주회사의 기업가치를 계산할 땐 자회사 지분가치에서 20~30%를 할인하는 것이 관행이라는 점에서도 LG화학이 기업가치 평가에서 불리할 수 있다. 게다가 더 황당한 것은 IPO가 되더라도 기존 LG화학의 주주는 LG에너지솔루션의 주식을 단 한 주도 직접 가질 수 없다는 점이다. 전기차 배터리 사업의 미래 성장성을 높게 평가하여 여타 화학주 대비 밸류에이션을 훨씬 비싸게 쳐주며 LG화학에 투자한 소액주주들의 입장에선 물적 분할 통보에 뒤통수를 한 대 제대로 얻어맞은 형국이었다.

당시 LG화학 주식을 소유하고 있던 많은 투자자들은 LG화학 주식을 내던지고 그럴 일이 없을 삼성SDI 주식을 매수했다. 전혀 이해되지 않는 상황은 아니었다. 기업이 신규 비즈니스를 전개할 때는 대개 캐시 카우 비즈니스Cash Cow Business를 필요로 한다. 이익이 나지 않는 초기의 신사업에 돈을 대며 키워주는 사업이 있어야 한다는 뜻이다. 정유 사업과 배터리 사업이 함께 있는 SK이노베이션, 또 삼성전자의 반도체 사업이 가장 대표적인 예다. 특히 삼성전자의 경우, 1974년 고 이건희 회장이 한국반도체를 인수하며 시작한 반도체 사업이 오랜 적자 기간을 지나 돈을 벌기 시작하고 세계를 선도하게 된 것은 TV, 냉장고와 같은 가전 부문이 캐시 카우 역할을 해주지 않았다면 불가능한 일이었을 것이다. 그럼에도 미래성이 있다고 판단해 투자한 배터리 사업을 떼어내면서 개인주주들의 입장을 고려하지 않은 LG화학의 결정은 투자자로 하여금 우리 시장에서 정당하게 평가받는 것이 당연한 일이 아닐 수 있음을 확인시켜주었다.

비록 많은 이들이 언급하는 것은 아니지만 코리아 디스카운트의 요인이라 생각되는 마지막 한 가지는 바로 규제의 이슈다. 선진국의 경우엔 법률이나 정책으로 금지된 것이 아니면 모두 허용하는 네거티브 Negative 규제를 시행 중이다. 그에 반해 우리나라는 법률과 정책에서 허용하는 것들을 나열하고 그 외의 것들은 허용하지 않는 포지티브 Positive 규제를 채택하고 있는데, 바로 이 때문에 한국은 새로운 혁신에 도전하기에 불리한 시장이 된다. 포지티브 규제는 네거티브 규제보다 강도 면에서 더 강력하기 때문이다. 이는 금융 산업에서도 마찬가지다. 포지티브 시스템하에서 등장하는 새로운 것, 즉 허가된 항목 이외의 것들은 책임을 두려워하는 공무원들의 벽에 먼저 부딪히기 마련이다. 우리가 사는 지금 이 시대는 4차 산업혁명을 통해 또 다시 변화의 가속 페달을 밟고 있는데, 그런 변화를 위해 길을 터주기는커녕 발목을 잡고 있는 법과 규제는 코리아 디스카운트의 요인이 될 수 있다.

규제의 이슈에서 또 하나 디스카운트 요인으로 볼 수 있는 것은 앞서 언급한 거버넌스 이슈와 연결하여 생각해볼 수 있는, 아직까지도 완전한 시장자본주의의 모습을 갖추지 못한 우리나라의 상황이다. 시장자본주의 시스템하에서는 소유와 경영이 분리되면 시장과 주주가 권력을 가지고 경영권을 행사할 수 있어야 한다. 하지만 우리나라의 경우 소유권, 다시 말해 오너십이 없어지면 경영권을 시장이나 주주가 행사하는 대신 정치권이 행사하는 경우가 생긴다. 그 결과가 어떻게 나타나는지는 몇 가지 사례를 통해 볼 수 있다.

삼성전자, 현대차와 같은 유수의 글로벌 기업들이 존재하는 대한민국에서 가장 낙후된 산업을 뽑아보라고 하면 어김없이 금융 산업이 소환된다. 은행 산업의 경우 기업은행, 우리금융지주 정도를 제외하면 완전 민영화를 통해 이전처럼 정부 지분이 남아 있지 않음에도 불구하고, 정권이 바뀔 때마다 금융지주회장들의 자리 바뀜이 있었다.

실질적인 경영권 행사의 주체가 시장이 아니라는 것이다. 이들의 밸류에이션을 보면 2021년 현재 PBR이 0.5배 정도로 심하게 낮은 수준이다. 금융회사라고 하는 기업들은 공장이나 설비를 가지고 있지 않다. 만약 공장이나 설비를 가지고 있는 회사라면 돈을 벌지 못할 경우 이들이 고철덩어리가 되어버리기 때문에 PBR이 낮을 수 있다. 하지만 은행들이 가지고 있는 것은 공장 또는 설비가 아닌 돈이다. 자산이 부실화될 가능성이 있지만 이에 대비해 충당금도 다 쌓아놓고 있다. 그런데 왜 PBR이 이토록 낮을 수 있을까? 이는 규제 리스크에 따른 디스카운트라고밖에는 생각되지 않는다.

또 다른 예로 한국전력을 들 수 있다. 우리 모두 전기 없이는 살 수 없기에 한국전력은 우리의 삶에서 필수적이고 중요한 재화를 생산하는 기업이다. 게다가 독점이기까지 하다. 그런데 PBR이 역시 0.2배 수준으로 매우 낮고, 이 역시 정부의 통제하에 있기 때문이라고 생각한다. 어엿이 상장되어 있고 주주도 있는 기업이지만 그 수장은 정부에서 정해진다. KT와 SK텔레콤의 예도 한번 들어보자. 한국이동통신서비스로 출발한 SK텔레콤은 KT의 전신인 한국통신의 자회사였으며 1994년 SK그룹에 인수, 민영화되면서 커나갔다. KT의 경우에도 2002년 완전 민영화를 거쳤기에 정부 지분이 남아 있지 않은데, 이 두 회사의 시가총액을 비교해보면 SK텔레콤이 KT의 세 배가 넘는다. KT는 시가총액 기준으로 한때 자회사였던 회사의 3분의 1정도의 규모가 된 것이다.

소유와 경영의 분리, 그 양면성에 대하여

소유와 경영이 분리되어 있는 구조가 좋기만 한 것인지에 대해서는 양면성이 있다고 생각한다. 이 구조가 좋다는 주장은 포트폴리오 투자, 즉 간접투자를 하는 월스트리트 투자 자금들의 논리일 수 있다. 사실 월가의 신자유주의 자본의 경우 10년 전만해도 세계화가 무조건 정답이라고 하지 않았던가.

'우리나라의 오너십 구조가 꼭 나쁜 것인가라?'는 질문에 전적으로 잘못된 결과만을 가져오는 사회악이라고 대답하기에는 다른 면도 있다고 생각된다. 물론 이 구조가 가지고 있는 부정적인 측면을 외면하려는 것 역시 아니다. 코리아 디스카운트 요인으로 부정적인 측면에 대해 이야기해보았으니, 이 구조가 내재하고 있는 긍정적인 면도 짚고 넘어갈 필요가 있다고 본다.

가장 의미 있는 긍정적 측면은 그룹의 인적 물적 자원Resource을 집중시켜 장기 투자를 할 수 있다는 점이다. 만약 재벌 중심의 오너십 구조가 아니었다면 삼성전자는 오랫동안 수익이 나지 않았던 반도체 사업을 발전시키지 못했을 것이다. 단기적 성과에 목을 매야 하는 전문 경영인의 입장에선 이런 위험 부담을 사실 상상하기가 힘들다. 자리 보전의 불안감이 없는 오너이기에 자본을 집중해서 '되는 쪽'으로 몰아주는 것이 가능했고, 그래서 빨리 따라갈 수 있었던 것이다. 글로벌 경쟁력이 있는 많은 한국 기업들은 사실상 이런 과정을 통해 성장해 왔다. 또 우리나라뿐 아니라 현재 미국의 나스닥 또는 S&P500을 주도하는 기업들의 주식을 들여다봐도 비슷한 상황임을 알 수 있다. 마이크로소프트, 애플, 아마존, 페이스북Facebook, 테슬라Tesla 등은 모두 창업자의 강력한 리더십으로 성장한 기업이란 공통점이 있다. 단기적으로야 매년 큰 이익을 내고 배당도 많이 주는 회사가 좋을 수 있겠지만, 혁신은 이렇듯 강력한 리더십이 있는 기업에서 만들어지는 경우가 많다. 오랜 적자 경영의 시기를 지나더라도 장기적 안목으로 투자하여 성과를 낼 수 있는 것은 분명 오너 기업이 갖는 장점인 듯싶다.

그렇다면 왜 월가의 자본은 소유와 경영의 분리를 주장하는 것일까? 그 이유는 바로 이들에게 투자하는 주주가 포트폴리오 투자 자본이라는 데서 찾아볼 수 있다. 간접투자에서는 평균보유기간이 길어야 1~5년이고, 이런 자금은 그 성격상 당장의 성과를 확인하려 한다. 10년 뒤, 20년 뒤의 수익은 사실 이들과는 상관없는 이야기일 수 있다는 것이다. 단적인 예로 유상증자를 들 수가 있다. 우리 시장은 유상증자를 발표하면 열이면 열 주가가 빠진다. 진정으로 장기 투자를 고려하고 있다는 포트폴리오 투자자들이 유상증자를 해서 장기 투자를 하겠다고 기업이 움직일 때 주식을 팔아버리는 관행은 다소 이치에 들어맞지 않아 보인다. 자본시장의 가장 큰 기능 중 하나인 자본조달 기능을 고려해봤을 때도 역시 주식투자자와 기업의 이해관계가 꼭 들어맞지 않는다는 점이 보인다.

그래서 한국 주식, 사면 안 되는 것인가?

아니다. 그렇기 때문에 더욱 투자할 만하다. 코리아 디스카운트의 요인으로 나열했던 세 가지, 즉 MSCI 신흥국 지수에 한국이 포함되어 있는 문제, 거버넌스 이슈, 규제의 이슈 등은 모두 충분히 개선될 여지가 있기 때문이다. 특히 거버넌스 이슈의 경우엔 시장의 인식이 계속해서 커지고 있으므로 더욱 희망적이다. 삼성은 제일모직과 삼성물산의 합병 건으로 수년간 법정에서 시달리고 있으며, LG화학 또한 투자자들의 잇따른 실망에 '당기순이익 기준 30% 이상의 배당 성향을 지향한다'며 주주 달래기에 나섰다. 예전 같으면 관행으로 여겨져 별 문제없이 넘어갔을 일들도 문제시되고 있는 것인데, 이는 사회적 압력이 시장을 개선시켜나갈 것이란 희망을 걸어볼 수 있게 하는 대목이다. 나머지 두 개의 이슈는 정책의 측면에서 접근할 수 있는 문제들인데, 이 역시 시장을 통해 압력을 행사하면 바뀔 수 있을 것으로 보인다. 2020년에 정부가 양도차익의 과세 대상인 대주주 요건을 기존의 기준인 10억 원으로 유지키로 한 것이나 공매도 금지 기간을 추가 연장한 것은 시장이 목소리를 내면 결국 정치에도 영향을 줄 수 있음을 방증한 사례들이다. 이러한 목소리들이 모이면 결국은 소액투자자에게도 유리한 쪽으로 시스템이 변화할 수 있는 것이다.

한국은 반도체, 자동차, 플랫폼, 화학, 철강, IT, 바이오, 엔터테인먼트 등 산업 포트폴리오가 다양하다. 또한 글로벌 시장에서 각 산업 분야를 리드하는 기업들이 포진해 있고, 사회 구성원들의 성실성은 그 어느 국가에도 뒤지지 않는다. 주식은 본래 낮은 가격일 때 사서 높은 가격일 때 파는 것이다. 그러므로 현재와 같은 코리아 디스카운트는 어떻게 보면 좋은 투자 포인트가 될 수 있다. 문제를 개선해나가면서 밸류에이션을 끌어올릴 수 있는 가능성이 있으니 말이다. 그런 점에서 한국 주식, 투자하기에 괜찮은 대상이다.

06

코스피, MSCI 선진국 지수에 편입해야 한다

여전히 MSCI 신흥국 지수에 편입되어 있는 한국 주식시장

글로벌 자금의 '큰손'은 연기금, 퇴직연금, 국부펀드와 같은 글로벌 기관투자가들이다. 글로벌 시장을 움직이는 이들 주류 플레이어들은 주식 종목을 발굴하여 액티브 알파를 쫓는 전략보다는 시장의 베타를 추구하며 시장 수익률을 따라가는 패시브 전략을 주요 전략으로 택한다. 다시 말해 벤치마크 플레이를 하는 것이다. 이는 기본적으로 장기 투자인 자금의 특성상 수익률의 안정성을 확보하려는 목적, 종목에 의존하면서 오는 변동성을 줄이기 위한 목적 등이 포함된 전략이다.

물론 무턱대고 주식시장의 수익률만을 따라가는 전략을 구사하는 것은 아니다. 글로벌 기관투자자들은 장기 전망을 해봤을 때 각 자산들이 어떤 궤적으로 그려갈지에 대한 고민을 기저에 두고 전체적인 그림을 그리며 자금을 운용한다. 그리고 이를 전략적 자산배분 SAA, Strategic Asset Allocation을 통해서 실행하는데, 전략적 자산배분이란 주식, 채권, 대체투자와 같이 투자 대상을 자산군별로 구분하여 각 자산군의 기대수익과 위험의 장기(5~10년) 전망을 바탕으로 투자 비중을 정하여 분산투자하는 것을 뜻한다. 말하자면 보유 자산을 주식, 채권, 대체투자에 각각 몇 퍼센트를 할당해 투자할지를 정하는 것이다. 물론 주식, 채권, 대체투자, 기타 금융상품으로 대별되는 자산군은 더 세부적으로 나뉠 수도 있다. 주식의 경우 선진국과 신흥국 주식 혹은 패시브 투자와 액티브 투자, 가치주나 배당주 등 여러 스타일로 세분화가 가능하다. 때문에 주식만을 놓고 봤을 때, 이들에게 있어 종목 선정이란 것은 별로 큰 의미가 없다. 중요한 것은 주식에 배분된 자신들의 자산이 주식시장 전반의 수익률을 잘 따라가는지, 자산배분이라는 큰 전략 아래 주식부문이 자신의 역할을 잘 수행하는지의 여부다. 그래서 주식 수익률의 기준이 되는 지수, 즉 벤치마크가 결정적인 역할을 수행하게 된다.

전 세계 기관들이 주식 운용의 기준으로 삼는 벤치마크 지수가 바로 MSCI 지수다. 선진국 주식의 기준이 되는 지수는 캐나다, 프랑스, 독일, 홍콩, 이스라엘, 일본, 포르투갈, 스페인, 영국, 미국 등 23개의 국가가 편입된 MSCI 선진국 지수다. 무려 이스라엘과 스페인, 포르투갈까지 포함된 이 '선진국' 지수에 한국은 들어가 있지 않다. 글로벌 주류 자금으로부터 선진국 대우를 받지 못하는 이유가 여기에서 나온다. 자산배분을 통해 선진국 주식에 배분된 자금의 집행 과정에서 한국 주식은 끼지 못하는 것이다.

대신 한국은 26개의 신흥국이 편입된 MSCI 신흥국 지수에 포함되어 있는데, 해당 지수에 함께 편입돼 있는 '신흥국'들을 모두 나열해보면 다음과 같다. 아르헨티나, 브라질, 칠레, 중국, 콜롬비아, 체코, 이집트, 그리스, 헝가리, 인도, 인도네시아, 한국, 말레이시아, 멕시코, 파키스탄, 페루, 필리핀, 폴란드, 카타르, 러시아, 사우디 아라비아, 남아프리카 공화국, 대만, 태국, 터키, 그리고 아랍에미레이트. 상황이 이렇다 보니 한국은 글로벌 돈의 흐름에서 선진국들과 그 흐름을 같이하지 못하고 이 신흥국 지수에 포함된 국가들과 함께 움직이는 경향이 있다. 글로벌 주류 자금들이 선진국 주식의 편입비중을 늘리고 신흥국 주식의 편입비중을 줄이는 상황이 된다면 한국 주식은 아르헨티나, 그리스, 인도네시아 등의 주식과 함께 매도의 대상이 될 것이다. 선진국 지수에 편입된 국가들의 주식은 사들여지고 있는 동안에 말이다.

환율시장의 통제는 가능할까?

MSCI 지수를 구성 및 산출하는 모건 스탠리는 2008년 MSCI 선진국 지수로 승격시킬 검토 대상에 처음으로 한국을 포함시킨 이후, 2009년부터 2014년까지 6년 연속 한국 시장을 선진국 지수에 편입시키려 시도했다. 하지만 한국은 계속해서 승격에 실패하고 2014년엔 검토 대상에서 제외되기까지 했다. 이에 2015년 한국의 금융위원회, 기재부, 한국거래소 등이 뉴욕의 MSCI 본사를 방문해 한국의 선진지수 편입 당위성을 설명하기까지 했으나 이듬해 6월에도 승격 실패의 소식을 들어야 했다. MSCI 지수의 유럽판이라고도 불리며 주로 유럽계 투자자금의 벤치마크 역할을 하는 FTSE Financial Times Stock Exchange의 선진국 지수에 2008년 편입이 결정된 것과 대조적이다. 현재 한국은 FTSE 선진국 지수에 포함된 국가 중 유일하게 MSCI 선진국 지수에 들지 않은 나라다.

한국은 어떤 이유에서 계속 승격에 실패했을까? 원화의 환전성 개선과 코스피 지수의 이용권 문제가 꾸준하고 주요한 승격 실패의 이유였다.

원화의 환전성을 개선하려면 역외 원화시장을 추가 개설해야 한다. 외국인 투자자의 입장에서 한국 시장에 투자하기 위해서는 자유로운 원화 환전이 필요하다. 시차로 인해 한국의 거래 시간 이외의 시간에도 거래를 해야 하기 때문에, 24시간 환전이 가능한 역외 원화 시장을 개설해야 한다는 것이다. 한국 국내 은행을 거치지 않는 역외 원화시장 개설은 우리나라의 금융당국이 제일 부담스러워하는 요구조건이다. 외환위기의 트라우마가 남아 있는 우리나라 정부로선 역외 외환시장을 개방하면 사실상 환율시장 통제가 어려워진다는 이유를 들어 부정적인 입장을 갖고 있었던 것 같다.

하지만 이는 틀린 얘기다. 외환시장은 통제할 수 있는 곳도, 통제된

적이 있었던 곳도 아니기 때문이다. 통제가 가능한 곳이었다면 달러-원 환율이 1997년 외환위기 때 2,000원에 육박하거나, 2008년 금융위기 때 1,600원까지 가지 않았을 것이다. 지금껏 환율이 요동칠 때 시장을 진정시킨 것은 금융당국의 환시장 개입이 아니었다. 1997년 외환위기 당시에는 IMF 구제금융이, 2008년 금융위기 때에는 미국과 맺은 300억 달러 규모의 통화스와프가 당시 곤두박질치던 원화의 가치를 붙잡아주며 대한민국 자본시장의 안정성을 회복시켜주었다.

MSCI 선진국 지수로의 편입을 막는 두 번째 요인인 코스피 지수의 이용권 문제에 대해서도 살펴보자. MSCI는 한국 증시의 시세 정보를 누구든지 무료로 이용할 수 있도록 요구했다. '시세 정보를 활용해 자유로운 경쟁을 할 수 있어야 선진 시장으로 인정할 수 있다'는 명분하에서였다. 그러나 한국거래소는 '공개된 정보를 통해 ETF나 관련 파생상품을 만들어 해외 거래소에 상장할 경우 자금 유입이 줄어들어 국내 금융 산업에 좋을 것이 없다'는 이유를 들며 반대했다. 실제로 당시 파생상품 시장에서 코스피200 지수의 거래량은 세계 1~2위를 달리고 있었기에 모건 스탠리가 탐낼 만했다. 하지만 한국의 파생상품 시장은 정보 공개 없이도 이후 각종 사고로 인한 규제 강화, 그리고 2016년까지 5년간 이어진 박스피 시기를 거치며 크게 위축되었다.

특히 2010년 11월 11일, '도이치방크Deutsche Bank 사태'라고도 불리는 옵션 쇼크는 당시 파생상품 시장의 상황을 단적으로 보여준 사건이라 할 수 있다. 옵션 만기일이었던 이날 장마감 10분 전, 도이치증권 창구를 통해 2조 4,000억 원 상당의 대량 매도 물량이 쏟아졌다.

이에 코스피 지수는 순식간에 53포인트 급락했다. 파생시장의 거래량 감소로 시장이 얇았기에 가능한 사건이었다. 현재 우리나라 시장은 외국인 선물 투자자들에게 완전히 종속되어 있다고 해도 과언이 아닌데, 과거에는 그렇지 않았다. 각종 규제와 거래세로 길이 막히기 전에는 국내 기관투자가들이 차익거래[30]와 같은 선물 거래를 많이 했기 때문에 외국인들이 시장을 마음대로 이끌어가지 못했다. 도이치방크 사태로 인해 우정사업본부는 거래세가 면제되면서 차익거래가 가능해졌지만 국민연금 등 공공기금은 공매도에 대한 반발로, 또 개인투자가들은 여러 규제 조치들로 인해 파생상품 시장에 참가하기가 더 어려워졌다.

거래량 세계 1위를 달리던 위상은 온데간데없이, 현재 코스피 200은 미국 시카고 상품거래소CME에서마저 거래가 정지되며 죽어

2010년 11월 11일 도이치방크 사태

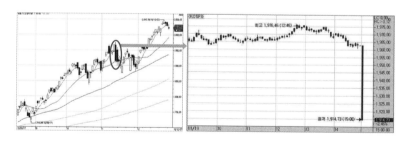

출처: (좌)유안타 증권 HTS, (우)https://deathornot.tistory.com/1448

---

30 주로 현물시장과 선물시장의 일시적인 시장불균형으로 인한 가격차이를 이용하여 이익을 내는 무위험 재정거래를 말한다.

가는 분위기다. 지수 내 특정 1개 종목이 전체의 30%를 초과하면 미국 법규에 따라 '소수집중형 지수'로 전환되는데, 코스피200 지수 내 삼성전자의 비중이 30%를 초과하면서 2020년 4월에 이 지수로 전환된 것이다. 이렇게 전환되면 상품거래위원회CFTC 관할에서 증권거래위원회와 SEC의 공동관할로 변경되고, 이에 따라 거래소가 SEC에 등록되어 있어야 미국 내 시설을 통한 거래 체결이 가능해진다. 하지만 한국거래소는 SEC에 등록되어 있지 않아 결국 거래가 정지되어버렸고, 2009년부터 10여 년간 운영된 코스피200 야간 선물은 당분간 볼 수 없게 되었다. 모건 스탠리가 만든 MSCI 코리아 지수와 아이셰어즈iShares의 MSCI 사우스코리아 ETF가 활발하게 거래되고 있는 상황과는 대조적이며, 애초 거래소의 시세정보 공개 반대 이유 또한 무색해졌다.

원화가 국제통화가 되는 것을 두려워할 이유가 없다

환율 통제를 이유로 우려의 목소리를 내는 금융당국의 입장과 달리 원화가 국제적으로 통용되는 화폐가 된다는 것은 좋은 일이며, 특히 국가적 위기가 왔을 때 그 진가가 발휘될 수 있다. 미국이 무제한 양적완화로 시장에 돈을 풀며 위기를 극복하는 것은 달러가 기축통화이기 때문에 가능한 일이다. GDP 대비 정부 부채 비율이 일본처럼 200%를 훌쩍 넘거나 유럽 연합처럼 90%에 육박해도 버틸 수 있는 것 역시 엔화와 유로화가 모두 국제 거래가 가능한 준準기축통화들이기 때문이다. 이렇게 자국의 통화로 국채를 발행하여 자금 조달이 가능한 나라들은 위기 시 이를 통해 재정을 부양시킬 수 있다. 그러나 우리나라의 경우엔 원화가 국제통화가 아니기 때문에 원화로 해외에서 채권을 발행하기가 어렵다. GDP 대비 부채 비율이 40%에 이르러도 재정 건전성 악화, 더 나아가 외환위기를 걱정해야 한다.

통화를 발행할 수 있는 국가와 그렇지 못한 국가의 격차는 앞으로 시간이 갈수록 벌어질 것이다. 중국이 자국의 통화를 국제화하기 위해 엄청난 노력을 기울이고 있는 이유 또한 여기에 있다. IMF의 출자금을 늘리면서 위안화를 특별인출권 통화바스켓에 포함시킨 것, 세계 최대 원유 수입국으로서 원유 매입 시 위안화로 거래해 '페트로위안' 체제를 구축하려는 것도 모두 위안화를 국제결제통화로 만들기 위한 의지로 해석할 수 있다.

이렇듯 자국의 통화를 이미 국제화시켰거나 그렇게 만들기 위해 애쓰는 것이 세계 주요 국가들의 상황인데 이에 우리가 역행할 이유는 없다. 원화가 역외 NDFNon-deliverable Forward 시장[31]에서 돌아다니는 것도 나쁠 것이 없는 이유다. 원화로 해외에서 국채를 발행할 수 있다면 위기 시 정부가 부채를 더 가져가도 된다. 원화도 겁낼 필요 없이 국제통화로 발전하는 방향으로 가야 한다. 한국도 MSCI 선진국 지수

---

31 우리나라 밖, 역외에서 이루어지는 선물환시장. 차액결제선물환시장으로도 불리는데, 국내 선물환시장처럼 만기에 계약 원금을 상호 교환하지 않고 실제 환율 간의 차이, 즉 차액만을 지정통화로 정산하는 시장이다.

에 편입이 되어야 한다.

MSCI 선진국 지수 편입, 시장의 변동성 축소 및 재평가를 가져올 것이다

이 책에서 필자는 계속해서 반복적으로 '우리나라는 MSCI 신흥국 지수에서 나와 선진국 지수에 편입되어야 한다'고 주장하는데, 그 이유는 뭘까?

우선 한국 주식시장의 변동성이 줄고 밸류에이션 재평가도 이루어져 코스피 지수가 상승할 테고, 변동성 축소는 달러-원 환율 등 외환시장의 안정에 기여할 것이다. 그동안 달러-원 환율은 무역 등 경상거래에 좌우되는 측면이 상당히 컸다. 하지만 한국 자본시장의 변동성이 줄어들면 이는 당연히 외국인 투자자들의 추가 자금 유입 및 신뢰도 상승으로 연결되면서 외환시장을 상당히 안정시킬 것으로 보인다. 이렇게 되면 금융위기나 코로나19 등 국제 금융시장을 뒤흔드는 사건이 발생해도 타격을 덜 받을 수 있다. 글로벌 자금의 흐름은 신흥국보다 미국, 유럽을 필두로 하는 선진국 시장으로 먼저 향하는데, 외환시장이 불안정한 신흥국 시장은 그런 사건들에서 발생하는 충격을 선진국 시장보다 더 크게 받기 때문이다.

한국 주식시장이 MSCI 선진국 지수에 편입된다면 선진국의 자본시장과 함께 연동될 것이고, 앞서 이야기한 여러 요인들에 힘입어 한국 시장에 대한 국제적 신뢰 및 선호도는 더욱 높아질 것이다. 자본의 흐름, 즉 자본수지 및 국가에 대한 시장 참여자들의 평가와 신뢰도가 국제 자본시장에서 갖는 중요성은 점점 커지고 있다. 높은 평가는 곧 높은 신뢰도 및 높은 선호도와 연결되어 우리나라에 더욱 긍정적으로 작용할 것인 만큼, MSCI 선진국 지수로의 편입은 하루빨리 이뤄져야 한다는 것이 필자의 주장이다.

07

이번은 정말로 다른가?
버블의 관점에서 시장을 바라보다

버블은 어떻게 생겨나는가?

버블은 무언가에 투자를 하는 소수의 사람들하고만 관계되는 사건이라 여겨질 수 있지만 그렇지 않다. 버블에 대한 반작용으로 붕괴가 시작되면 실물경제에도 그 충격이 전달되어 실업률은 증가하고 소득증가율은 감소하며, 최악의 경우엔 금융 시스템이 불안정해지고 이를 수습하고 해결하는 과정에서 정부의 개입이 불가피한 경우가 발생한다. 정부 개입이라는 것은 결국 모든 납세자의 부담으로 돌아올 수 있다. 이렇듯 버블은 투자를 하는 사람이든 아니든, 투자를 적게 하든 많이 하든과 상관없이 모두에게 영향을 미치기 때문에 우리 모두가 신경쓰며 인지하고 있어야 하는 중요한 현상이다.

버블은 소위 변위Displacement로 그 시작을 알린다고 한다. 변위는 투자의 지평을 바꾸고 새로운 기회를 열어줄 것처럼 보이는 외부적 이벤트로, 전쟁의 끝이 될 수 있는가 하면 새로운 기술의 출현이 될 수도 있다. 이 변위의 효과가 제 영향력을 발휘할 정도로 충분히 강하면 그로 인해 각광받는 분야로 새로운 투자 자금이 물밀듯 흘러들고, 해당 분야의 가격은 올라가고 수익을 낼 수 있는 기회와 가능성은 더 많아진다. 그러다 어느 정도에 이르면 시장은 높은 수익률에 대한 기대가 극에 달하는 시점, 즉 낙관론에 취한 단계Euphoria에 도달하게 된다. 이 시점이 되면 펀더멘털에 기초한 가치 측정은 제 의미를 잃고, 시장은 단기간에 높은 수익률을 거두려는 이들로 북적인다. 또 모든 택시 기사들이 투자에 대해 말하고 모든 가정주부들이 뭐든 매수하려 들며, 가격이 하락할 수도 있다는 생각이 아예 없어지기 때문에 빚을 내서 투자하는 것조차 안전한 투자로 인식된다. 그리고 이러한 시기에 버블이 생성된다. 이 무렵엔 버블에 대한 경고가 금융권 종사자 또는 신문기사들을 통해 여럿 등장한다. 하지만 초기에 등장하는 경고들은 대개 시기가 너무 일러 대중의 신뢰를 얻지 못하는 경우가 많다.

시장의 이러한 증가세는 적지 않은 사람들이 어느 정도 수익을 실현하고 새로 시장에 들어오려는 이들이 줄어들면 둔화되기 시작한다. 어떨 때는 가격의 하락을 부추기는 이벤트가 발생하기 전까지 으스스하게 느껴질 정도로 조용한 시기를 지나기도 한다. 여기서의 이벤트란 외부적 요인으로 금리 상승, 경기둔화 또는 전염병 확산 등의 외부적 요인을 뜻하는데 늘 큰 사건인 것은 아니다. 시장이 한계에 달하면 아주 작은 이벤트로도 하락의 방아쇠가 당겨질 수 있기 때문이다. 이런 이벤트가 등장하면 시장은 공포 단계에 접어들면서 가격이 떨어지고, 재정적 스트레스가 고조되며, 은행들은 대출 창구를 닫는다. 이 시기의 모든 소비와 투자는 '일단 멈춘 뒤 상황을 지켜보자'는 입장에 서게 되는데, 때로는 패닉 단계가 도래할 가능성도 있다. 가격이 폭락하고 사람들은 보유 자산을 앞다투어 팔려 하기 때문에 시장에서 매수자를 찾기가 쉽지 않은 이 시기엔 비관론이 극에 달한다. 결국 사람들이 이제 시장이 하락할 만큼 하락했다고 느껴 다시금 매수세로 돌아서거나, 정책당국에서 이런 패닉 상황이 잦아들기를 바라며 시장을 한동안 폐쇄하거나, 시장의 신뢰감을 재구축하기 위해 중앙은행이 개입하기 전까지 가격은 자유낙하한다. 심각한 경기침체를 겪지 않고서는 벗어나기 어려운 국면이다.

버블의 역사적 사례

역사적 버블 경제의 시초라 할 수 있는 사건은 1630년대 네덜란드의 튤립 버블이다. 당시 네덜란드는 동인도회사를 필두로 한 식민지 무역으로 유럽에서 가장 높은 1인당 국민소득을 자랑하고 있었다. 경제적 풍족함 속에서 부에 대한 과시욕으로 시작된 튤립 투기는 귀족과 신흥부자뿐 아니라 자금력이 부족한 일반 서민들 사이에서도 열광적으로 증가했다. 지금 생각하면 황당하기까지 한 이 튤립 열풍은 네덜란드를 경제 대공황으로 몰아넣은 버블 경제의 시초가 되었다.

'황당하다'는 표현을 쓰긴 했지만 사실 자산 가격의 급등 후 붕괴로 이어지는 버블은 역사 속에서 주기적으로 반복되어왔다. 20세기 이후의 예만 보더라도 1929년 미국의 대공황, 1990년대 일본의 부동산 버블, 1997년의 아시아 외환위기, 2000년대의 IT 버블과 2008년의 금융위기까지, 마치 사람들의 머릿속에 지우개가 있는 것처럼 버블은 등장과 퇴장을 반복했다.

지금부터는 '이번엔 다르다'란 갑옷으로 무장하고 나타나는 버블들 중 가장 가까웠던 세 번의 버블들을 조금 더 자세히 살펴보려 한다. 과거 버블의 생성 과정과 특징, 붕괴 시의 모습을 들여다보며 현재 우리 상황과의 유사점과 차이점을 비교 분석해보면, 현재의 시장 상황을 판단하는 데 유용하리라 생각된다.

1997년의 아시아 외환위기

1993년 세계은행은 '동아시아의 기적East Asian Miracle'이라는 제목의 보고서를 발간한다. '네 마리의 용'을 중심으로 한 동아시아의 경제성장의 성과와 원인을 분석한 보고서였다. 여기에서 언급된 네 마리의 용은 아시아에서 일본에 이어 근대화에 성공하고 제2차 세계대전 이후 빠른 경제성장을 이룬 한국과 싱가포르, 대만, 홍콩이었다. 오랜 기간 급격한 경제성장으로 기적을 일으켰다고 거론된 아시아 국가로는 이 외에도 인도네시아, 말레이시아와 태국이 있었다. 보고서에 따르면 일본을 포함한 아시아 8개국의 1960~1990년 성장률은 남미와 남아시아 지역 대비 세 배, 아프리카 국가들에 비해서는 다섯 배에 이른다. 그리고 특히 그중에서도 네 마리의 용은 동반 성장한 동남아시아 국가들보다 두 배나 빠른 성장률을 시현했다.

'기적'이라는 세계은행의 표현에서 알 수 있듯 1970~1980년대에 나타난 두 자릿수의 높은 성장률은 사실 계속해서 유지될 수 없는 수치였다. 통상적으로 성장을 할수록 성장률은 점차 낮아지기 마련이기 때문이다. 하지만 한국에서는 1990년대 들어 떨어지는 성장률을 받아들이지 못한 채 이를 메우기 위한 과잉투자가 이루어지고 있었다. 1990년대 초 금융자유화 정책의 일환으로 금융시장을 개방하면서(물론 이후 IMF의 감독하에서 이루어진 개방에 비하면 소극적인 개방이었다) 국내 기업들과 종합금융회사들이 외국계 은행으로부터 많은 자금을 빌릴 수 있었기에 더욱 가능한 일이었다. 이 시기에 행해진 투자는 경제발전 단계상 나타나는 건강한 투자의 확장이라기보다는 차입에 의존한 기업들의 경쟁적 외형 확대에 가까웠다.

과도한 부채경영을 통한 잘못된 투자들은 1997년 1월 한보철강의 부도를 시작으로 터지기 시작했다. 레버리지가 높은 상황에서 경제가 나빠지면 하방 리스크는 더 커지기 마련이다. 이에 더해 재벌 체제라는 특성 탓에 기업 하나가 아닌 기업 집단 모두가 함께 망하는 사태가 발생했다. 삼미, 기아, 쌍방울, 뉴코아, 해태 등 기업들의 줄도산은 한 달이 멀다 하고 뉴스의 머리기사로 보도됐다.

아시아 금융위기Asian Financial Crisis라는 1997년 외환위기의 또 다른 이름에서 알 수 있듯, 위기는 어느 날 갑자기 우리나라에만 닥친 것이 아니었다. 아시아 금융위기의 도화선으로 작용한 사건은

1997년 7월 태국 바트화의 가치 폭락이었다. 그 시기의 태국은 금융기관들의 부실, 경제지표의 부진 및 바트화의 평가절하가 이어질 것이라 전망되었고 그에 따라 외국 자본이 썰물처럼 빠져나갈 태세를 보였다. 당시 미국은 인터넷의 상용화 덕에 생산성이 향상되었고 그에 따라 연준은 1994년 2월부터 지속적인 금리 인상에 돌입했다. 3%였던 기준금리는 1년 후 두 배가 되면서 아시아 국가와의 금리 차이를 좁히고 있었다. 투자자들이 아시아와 같은 고위험 국가들에 투자하기보다는 안전하지만 금리차가 축소된 미국으로 눈을 돌리고 있었던 점도 이러한 자금회수 분위기에 일조했다.

헤지펀드 세력들은 달러를 사고 바트화를 공매도하기 시작했다. 당시 바트화는 달러와 연동된 고정환율제 구조로 태국의 경제 상황에 비해 고평가되어 있었는데, 정부가 환율 방어에 나선 효과 덕에 얼마간 안정적인 모습이 유지되는 듯 보였다. 하지만 외환보유고를 바닥내면서까지 펼쳤던 태국 정부의 환율 방어는 한계를 드러내기 시작했다. 결국 1997년 7월 2일 태국은 헤지펀드의 공격에 백기를 들었고, 태국 은행은 그동안 달러에 고정시켰던 환율 제도를 포기한다고 발표했다. '더 이상 달러를 이용해 환율시장에 개입하지 않겠다'는 이 선언은 곧 바트화의 폭락을 의미하는 것이었다. 환율을 방어하겠다는 명목하에 보유 외환을 모두 소진해버린 태국은 결국 선진국 은행들의 단기부채 상환 독촉에 금융 시스템이 마비돼 금융위기가 터졌고, 모라토리엄Moratorium[33]을 선언하기에 이르렀다.

태국 금융위기의 불똥은 주변 아시아 국가로 옮겨 붙기 시작했다.

태국뿐 아닌 다른 아시아 국가들의 부채상환 능력을 의심하게 된 투자자들은 서둘러 자금회수에 나서기 시작했고, 이미 기업들의 도산으로 분위기가 심상치 않았던 우리나라 역시 예외는 아니었다. 무분별한 차입에 의존하던 국내 기업들은 갑작스러운 상환 요구에 유동성 문제에 빠지며 줄도산했고 그에 따라 대량 실직 사태가 벌어졌다. 김영삼 정권 말기 불편한 진실을 외면하려 했던 정부도 그제야 문제의 심각성을 받아들이기 시작했다. 급격한 자본유출 탓에 원화 가치가 크게 훼손되고 있었던 것이다.

당시 한국 정부 역시 태국 정부와 마찬가지로 '환율의 움직임을 정부가 인위적으로 관리할 수 있다'는 심각한 오류에 빠져 있었다. 외환당국은 외화부채의 부담을 줄이겠다는 목적으로, 원화 가치의 하락을 방어하기 위해 힘들게 모아둔 달러를 외환시장에 풀었다. 그러나 고작 300억 달러(그마저도 일부는 시중은행을 지원하는 데 쓰이고 있었다) 안팎의 외환보유액을 들고서 외환시장에 개입한 이런 대응은 외환위기의 단초가 되었다. 결과적으로 한국은행의 외환보유고는 바닥을 드러냈고 한국은 더 이상 외채를 갚을 수도, 원화 가치의 하락을 방어할 수도 없는 지경에 이르고 말았다. 사용할 수 있는 카드가 더 이상 손에 남지 않은 정부는 1997년 11월 IMF에 긴급자금 지원을 요청했고, IMF는 12월 3일 한국의 국가부도를 확정하며 지원 내용을 발표했다.

---

32 대외 채무의 지급을 일방적으로 정지하는 것.

2000년의 닷컴 버블

1990년대 세계 경제가 가장 주목한 산업은 1989년 월드와이드웹 World Wide Web의 개발로 그 시작을 알린 인터넷/통신 산업이었다. 뉴 밀레니엄을 앞둔 1990년대 말 세계는 첨단기술이 이끌 새로운 미래 에 대한 기대로 들떠 있었다. 사치품이 아닌 필수품이 되어가는 PC를 소유한 미국 가정들은 폭발적으로 늘어났고 이를 통해 사람들은 사이버 공간이라는 신세계, 정보 격차의 축소 등과 같은 흥미로운 경험을 하게 되었다. 당시 미국 경기는 인터넷과 PC의 보급으로 노동 생산성이 혁신되며 장기 호황을 누리고 있었다. 인터넷 도메인 주소가 '닷컴.com'으로 끝나는 수많은 인터넷 업체들이 생겨났고 엄청난 투자 자금을 쓸어 모으며 투자자들에게 장밋빛 수익을 약속했다. 아메리카 온라인AOL, America Online, 아마존, 마이크로소프트와 같은 기업들은 새로운 세기의 눈부신 사업모델을 쏟아내 사람들을 꿈꾸게 했고, 이젠 더 이상 과거의 이익을 기반으로 기업가치를 평가하는 시대가 아니라는 분위기가 팽배해졌다.

당시 금융기관과 기업들, 그리고 연준은 Y2K[33]로 인한 수많은 자동화 시스템의 기능 정지를 두려워했다. 연준 의장이었던 앨런 그린스펀은 그에 따른 경기둔화를 상쇄하기 위해 저금리 정책을 펼치면

---

33 컴퓨터가 1900년대의 연도만을 인지할 뿐 2000년 이후는 제대로 인식하지 못하는 결함을 말한다. 두 자릿수만으로 연도를 표기할 경우 2000년은 00년으로 인식되어 1900년과 혼동이 일어날 수 있다. 밀레니엄 버그라고도 불림.

서 1990년대 후반 금융 시스템에 유동성을 공급했는데, 이것이 나중에는 기술주의 거품을 뒷받침하는 배경으로 작용했다. IT 벤처기업들의 집합체였던 나스닥 지수는 1995년 1월에서 2000년 3월까지 582% 상승하며 파죽지세로 솟아올랐고, 시장에는 걷잡을 수 없는 낙관론이 확산되고 있었다.

닷컴의 뜨거운 열기는 국가부도 상황으로 허덕이던 한국에도 상륙했다. 1997년 12월, 국가부도가 확정되고 2주 후에 치러진 제15대 대통령 선거에선 IMF 외환위기에 대한 책임으로 집권 여당이 패배했고 정권 교체가 이루어졌다. 새로 들어선 김대중 정부는 IMF의 요구를 전면 수용하면서 구조조정에 착수했다. 아울러 코스닥 시장과 중소기업 위주의 벤처기업 육성책을 내놓으며 위기극복과 경제재건을 도모했고, 1999년 3월에는 '사이버 코리아 21' 계획도 발표하며 IT 산업의 발전과 인프라 투자에 힘을 쏟았다.

한국에서 IT 거품의 첫 테이프를 끊은 것은 1998년 10월 코스닥에 상장한 인터넷 광고 벤처기업 '골드뱅크커뮤니케이션즈'였다. '인터넷 광고를 보면 돈을 준다'는, 당시로선 독특한 사업모델로 투자자들의 시선을 끈 이 회사는 주가가 시초 가격 800원에서 시작됐지만 묻지도 따지지도 않고 투자가 몰리면서 8개월 만에 31만 원대까지 급등했다. 그러나 기대만큼의 실적을 내지 못한 데다 창업자 또한 주가조작 시비에 휘말리면서 주가는 폭락해버렸다. 그럼에도 이 사건은 이후 등장하는 닷컴 기업들에 다시금 시선을 고정하는 투자자들에게 아무런 경계심도 심어주지 못했다.

닷컴 버블의 또 다른 예로 새롬기술을 들 수 있다. 1993년에 설립된 새롬기술은 1999년 8월 코스닥에 상장된 뒤 PC를 이용해 국내뿐 아니라 국제전화도 무료로 할 수 있는 파격적인 서비스를 선보였다. 국제통화를 할 때는 용건만 간단히 말하고 끊는 게 상식이었던 시절, 비싼 국제통화료 때문에 장거리 연애 커플의 월 전화비가 100만 원을 넘기기도 했다는 말이 나오던 시절이었다. 그런 만큼 새롬기술이 선보인 무료 인터넷 전화 '다이얼 패드'에 대한 기대감은 쓰나미급 투자를 불러일으켰다. 새롬그룹은 상장 5개월 만에 150배가량의 주가 상승률을 기록했고, 시가총액 기준에선 현대자동차를 앞서나갔다.

이후에도 수많은 벤처기업들이 쏟아져 나왔다. 1998년 말 2,000개 정도였던 벤처기업은 2001년 1만 개를 넘어섰다. '묻지마 투자'라는

2000년 닷컴 버블 당시의 코스닥 및 나스닥 지수

파티장으로 변해가던 코스닥 시장은 거래대금 면에서 코스피 시장을 추월했고, 주문 폭주로 전산이 마비되어 매매 체결이 몇 시간씩 늦어지는 상황도 속출했다. 다수의 벤처기업들은 끝을 모르고 솟아오르는 주가를 이용해 주식을 찍어낸 뒤 투자자의 돈으로 새로운 회사를 사들였다. 주가가 너무 비싸지면 액면분할이나 무상증자를 해서 다시금 싸 보이게 만들고, 유상증자를 통해 자금을 추가적으로 흡수하기도 했다. 시장은 주가 상승을 맹신하는 구간에 다다랐다.

그러나 광란의 파티는 오래 지속되지 못했다. PER 9,999배라는 터무니없는 밸류에이션의 출현이 붕괴로 이어진 것은 당연한 수순이었다. 우리나라뿐 아니라 미국에서도 각 기업들이 설파했던 꿈의 미래 기술을 이용해본 소비자들은 너무나도 느린 서비스와 각종 문제들로 불신을 쌓아갔다. 무료 전화라는 장점으로 인기를 끌었던 다이얼 패드는 일반 전화에 비해 열악한 통화 품질 등의 이유로 소비자들의 외면을 받기 시작했고, 급등했던 새롬그룹의 주가도 주저앉기 시작했다. 새 천년이 시작되었지만 걱정했던 Y2K 문제는 발생하지 않았다. 2000년 1월에 크게 한 번 출렁거린 주가는 다시 반등하는 듯했지만 3월 들어 본격적으로 꺾이기 시작했다. 코스닥 지수는 2000년 3월 10일 2,834포인트까지 치솟았지만 연말이 되자 520선까지 흘러내렸고, 그 무렵엔 거의 대부분의 닷컴 기업들이 파산하며 시장에서 쓸쓸히 퇴출되었다. 그로 인해 특히 IT 분야에서의 실업이 급증했고, 김대중 정부가 추진하던 벤처기업 육성책 역시 상당 부분 취소되고 말았다.

2008년 글로벌 금융위기

2001년 미국은 닷컴 버블, 9·11 테러, 엔론Enron 사태로 대표되는 기업 회계부정 사건들로 경기침체에 빠져 있었다. 당시 연준에서는 이를 극복하기 위해 저금리 환경을 조성했고, 미국의 모기지 금리 또한 아시아 금융위기 이후라는 상황과 겹치며 매우 낮은 수준까지 내려온 상태였다. 경기가 악화되면 실업률이 증가하면서 집값은 대개 하락하거나 상승세를 멈추는 것이 일반적임에도 당시의 미국에선 집값 상승세가 지속되어 2006년에 그 정점을 찍었다. 해안과 인접한 일부 주들에서는 2001~2006년의 5년간 낮은 금리에 탄력을 받아 두 배 이상의 상승세가 나타나기도 했다.

주택 가격의 붐은 미국 경기활성화의 중심에 있었다. 2003~2006년까지 창출된 일자리의 3분의 1은 주택시장과 관련된 분야에서 나왔다. 어떠한 방해도 받지 않고 지속된 집값 상승 덕에 마음의 여유를 찾은 사람들은 소비를 늘렸고 집은 마치 거대한 현금 인출기처럼 여겨졌다. 같은 기간 금융기관들은 대출자의 자격 여부와 크게 상관없이, 보다 많은 사람들이 계속해서 대출을 받아 집을 구매할 수 있도록 새로운 대출 상품을 만들어내고 있었다. 리스크를 분산하여 접근성은 높이되 이전보다 더 복잡하고 이해하기 어려운, 증권화된 대출 상품들이 속속 등장했다.

다른 한편에서 중국을 포함한 신흥국들은 미국을 상대로 대규모 경상수지 흑자를 기록했고 그렇게 벌어들인 달러로 미국 국채를 사들였다. 그 과정에서 자연히 엄청난 양의 달러가 미국으로 다시 흘러 들어간 결과 미국은 유동성이 늘고 장기 금리가 하락했다. 이에 연준은 2004년에 단기 금리를 올리기 시작했으나 이상하게도 장기 금리는 단기 금리를 따라 올라오지 않은 채 여전히 낮은 수준에 머물러 있었다. 그린스펀 의장 또한 이 현상의 원인을 찾아내지 못했기에 적극적인 조치를 취하지 않았다. 이러한 안팎의 요인들로 미국에선 유동성이 넘쳐났고, 집값이 하락할 가능성에 대한 생각은 사람들의 머릿속에서 증발해버렸다.

2008년 금융위기 이전, 즉 2007년까지는 우리나라 주식시장도 활황이었다. 2004~2007년 사이 글로벌 증시는 고성장에 진입한 중국이 상승을 주도했고 이 기간 동안 중국 증시는 네 배 가까이 올랐다. 우리나라 증시 역시 중국 특수에 힘입어 두 배로 상승했는데, 이는 주

S&P/케이스-쉴러 20개 주요 도시 주택가격 지수

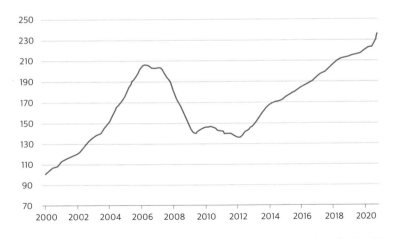

출처: https://fred.stlouisfed.org/series/SPCS20RSA

요국 증시 중 중국 다음으로 높은 상승률이었다. 중국을 필두로 한 세계의 수요 증가로 우리나라는 수출이 늘어났으며 경상수지 흑자 또한 꾸준히 지속되고 있었다.

2007년 달러-원 환율은 900원대 초반까지 내려가며 원화 강세의 모습을 보였다. 외국인 투자자의 국내 시장 유입과 높은 수준의 경상수지 흑자 덕분이었다. 그러나 우리나라처럼 경제성장의 동력이 수출에서 창출되는 국가에서의 원화 강세란 곧 가격경쟁력의 저하와 같다는 점은 정부를 다시금 불안하게 만들었다.

불안감에 휩싸인 정부가 그 상황에서 내놓은 비책은 국민들을 해외투자로 유도하여 달러를 나라밖으로 퍼내는 것이었다. 그때만 해도 개인들은 직접투자보다 펀드를 통한 간접투자를 주로 했기에 해외투자 펀드를 통해 원화 강세를 해결할 수 있으리라 판단했던 것이다. 때문에 해외투자를 적극 장려하기 위해 정부는 해외투자 펀드에 대해 양도세 면제 혜택을 주었고, 결과적으로 그런 바람에 걸맞게 개인투자자들 사이에서는 해외투자 펀드 열풍이 불었다. 미래에셋의 인사이트 펀드로 대표되는 그 시기 해외투자 펀드의 인기는 최근 서학개미들이 보여주는 미국 주식투자 열기를 뛰어넘었음을 앞서 이미 언급한 바 있다. 그러나 정부가 바라던 환율 방어의 효과는 나타나지 않았다.

2006년 정점에 달했던 미국의 주택 가격은 같은 해 중반에 이르자 움직임을 멈추며 조용해졌다. 그리고 시간이 지날수록 주택 가격의 하락과 주택 매입을 포기하는 사람들, 집을 팔지 못하는 건축업자, 모기지 대출 연체율의 증가를 알리는 내용의 보고서들이 점점 늘어나

2000년 닷컴 버블 당시의 코스닥 및 나스닥 지수

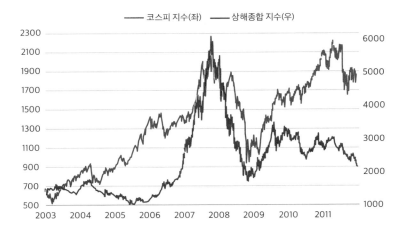

기 시작했다. 2007년 2월, 소위 서브프라임 대출자들을 상대로 한 대출 사업 부문에서 은행들이 손실을 보고하기 시작하면서 미국의 주택 가격 하락 현상은 글로벌 시장에서 조금씩 주목받기 시작했다.

거품 붕괴의 전조는 대출 상환 능력이 부족한 사람들을 상대로 판매했던 상품에서 손실이 발생하기 시작하면서 서서히 나타나고 있었다. 집값이 변화하는 방향은 상방으로만 뚫려 있다는 환상에 사로잡혀 있던 은행들은 그 상승 열차에 올라타기 위해 대출자의 자격 요건을 대폭 완화했다. '수입과 직업, 자산이 없는No Income, No Job, No Asset' 사람들에게도 돈을 빌려주는 '닌자NINJA 대출이 성행했다. 주택 가격이 하락할 가능성을 전혀 염두에 두지 않고 만든 대출 상품들을 은행들은 거리낌 없이 고위험 대출자에게 판매했다. 설령 사람들이 원리금을 갚지 못하고 파산하더라도 집값 상승분이 이를 보전해줄 테니 안전하다고 여긴 것이다. 이를 바꾸어 말하자면 집값이 하락할 시 은행은 엄청난 손실을 입게 된다는 뜻이었음에도 말이다.

2007년 여름, 패닉이 시작되었다. 은행들은 불확실한 상환 가능성 때문에 은행 간 대출 창구마저 닫았다. 연준은 급하게 기준금리를 대폭 하향 조정하고, 은행들의 유동성 부족이나 파산을 막기 위한 일련의 지원책들을 쏟아냈다. 그러나 이런 움직임은 85년 역사의 세계 5대 투자은행 중 하나인 베어스턴스Bear Stearns가 2008년 3월 파산하는 것을 막기엔 너무 늦게 시행되었다.

베어스턴스 파산 당시만 해도 그것이 전 세계적으로 퍼질 엄청난 금융위기의 신호탄임을 감지한 사람은 많지 않았다. 하지만 그해 9월 리먼 브라더스Lehman Brothers가 베어스턴스와 동일한 문제로 파산했을 때의 분위기는 완벽히 달라져, 금융 시스템의 붕괴라는 공포 가득한 분위기 속에서 미국뿐 아니라 글로벌 증시와 채권 값은 폭락했다. AIG, 씨티그룹City Group과 같은 거대 금융회사들도 차례대로 백기를 들었다.

세계적인 투자은행들의 잇단 파산은 신용경색 및 자산 가격의 하락으로 이어졌다. 글로벌 금융위기가 유발한 디레버리징De-leveraging[34]으로 인해 국제 금융기관들은 한국에 투자했던 증권을 매각해 자본을 회수하기 바빴고, 그렇게 외국 자본이 급격히 빠져나가자 한국은

---

34 부채를 끌어들이고 이를 지렛대 삼아 투자 수익을 높이는 레버리지Leverage의 반대말로, '부채 정리'를 뜻함.

주가가 폭락하고 환율이 폭등했다. 펀드 열풍에 뛰어들었던 개인투자자들의 계좌도 쪼그라들었다. 해외 펀드는 주식으로 입은 손실에 환해지로 인한 손실까지 더해져 그 정도가 더욱 심했다. 금융불안으로 선진국의 소비와 투자가 급감했고, 이는 신흥 시장의 수출 급감으로 이어졌다. 세계 경제는 동반 침체했고, 수출이 경제에서 아주 크고 중요한 부분을 차지하는 우리나라 역시 이 위기에서 자유롭지 못했다. 한국의 성장률은 하락했고, 실업률이 큰 폭으로 증가하면서 본격적인 위기가 시작되었다.

2021년, 한국 주식은 버블인가?

2020년 3월에 코로나19 위기로 급락했던 주가는 코스피 기준으로 두 달 만에 손실을 만회하고 큰 조정 없이 연말까지 꾸준히 상승했다. 2020년 한 해 코스피의 상승률은 30.75%로 2009년[35] 이래 가장 큰 연간 상승률을 시현했고 종합주가지수는 역사상 가장 높은 2,873.47 포인트를 기록하며 한 해를 마감했다. 그리고 이듬해 1월 7일, 종합주가지수가 상징적 숫자인 3,000선을 종가 기준으로 돌파함에 따라 3,000포인트 시대가 열렸다. 증권사들이 전망한 2021년 코스피 목표치의 최고 수준에 지수가 연초 며칠 동안 이렇듯 단숨에 근접해버리자 증권사들은 전망치를 상향 조정하기 바빴다. 반도체가 박스피의

---

35 2008년 금융위기 이후 2009년 코스피 지수는 한 해 동안 49.65% 상승했다.

오명을 벗겨주었고 자동차가 3,000포인트 시대를 열었으며, 이 두 산업의 상승세는 2021년에 본격화될 것이라는 의견이 주를 이루었다.

주가가 상승하는 동안엔 이렇다 할 가격 조정도, 기간 조정도 없었다. 상승장 도중 이따금씩 어느 정도의 후퇴를 언급했던 예측들이 맞지 않자 시장에는 시간이 갈수록 낙관론의 비중이 늘어났다. 이렇듯 숨가쁘게 달려온 증시의 배경에는 증시를 그만큼까지 끌어올린 개인 매수세의 영향력이 있었다. 개인들의 꾸준하고 적극적인 매수세에도 주식 예탁금은 줄지 않고 오히려 늘어났다. 예탁금이 2021년 1월에 70조 원을 돌파하며 증시로 들어올 수 있는 개인 자금의 증가 추세는 계속되는 모습이었다. 장기화된 초저금리 기조로 은행에 돈을 묶어두기보다는 언제든 사용할 수 있는 현금성 자산을 확보해두려는 사람들이 늘어났다. 마땅한 투자처를 찾지 못한 시장의 단기 자금이 수익을 쫓아 주식에든 부동산에든 쏠리는 환경이 형성됨에 따라 한편에선 자산 가격 버블을 우려하는 목소리도 등장하기 시작했다.

주가가 급등했던 2020년을 넘어 2021년 6월의 현 상황은 버블이라고 할 수 있을까? 2021년 현 시점에서 버블의 정점을 걱정해야 하는지에 대해서는 아직은 이르다는 생각이 든다. '수급은 모든 재료에 우선한다.'라는 증시 격언이 있다. 주식 예탁금의 꾸준한 증가세로 봤을 때 아직 시장에 들어오고자 하는 현 장세의 주도 세력인 개인의 자금이 묵직하게 대기하고 있다. 외국인이나 기관투자가가 아닌 개인이 이끄는 장이기에 "이번엔 다르다"라는 목소리가 시장에 나오는 것도 버블의 신호탄인 듯하여 경계심이 발동하기는 한다. 하지만 한국 시장이 그동안 저평가되어온 만큼 이제는 실제 규모와 위상에 좀 더 걸 맞은 대접을 받을 필요도 있다. 우리나라의 주식시장은 앞서 코리아 디스카운트 챕터에서 살펴본 것처럼 상대적으로 다른 나라에 비해 저평가되어왔다. PER 또는 PBR 기준으로 미국뿐 아니라 여타 신흥국 과 비교해봤을 때도 우리나라 주식은 늘 싸게 거래되어왔다. 한반도 의 대한민국이라는 이 작은 나라는 한 가지 산업에만 편중되어 있지 도 않다. 한국은 반도체, 전기차, 자동차, 철강, 인터넷, 화학, 바이오, 헬 스케어, 엔터테인먼트 등 산업 포트폴리오가 잘 분산되어 있을 뿐 아 니라 세계적인 경쟁력으로 글로벌 시장에서 활약하는 기업들도 여럿 이고, 다른 신흥국들 대비 경제 펀더멘털 또한 견고하다. 하지만 지금 까지는 MSCI 신흥국 지수에 포함되어 글로벌 주류 자금들로부터 소 외되면서 제대로 된 평가를 받지 못하고 있었다. 버블인지 여부를 따 지기에 앞서, 우리나라 주식이 평균 PER이나 실력의 측면에서 더 대 접받는 것은 맞다고 생각한다.

2020년 하반기와 2021년초 한국 주식시장의 모습을 보면, 큰 조정 없이 가고 있는 시장의 모멘텀으로 보건대 단기 과열 국면에 있었음 은 확실한 듯싶다. 일례로 2020년 11월 말 MSCI는 신흥국 지수 내에 서 한국의 비중을 12.1%에서 11.8%로 줄이는 지수 조정을 실행했다. 그 과정에서 외국인은 11월 20일 하루에만 2조 4,000억 원이라는 역 대 최대 순매도 규모의 주식을 시장에 내던졌다. 그리고 같은 날 개인 들은 2조 2,000억 원이라는, 역시 개인투자자 기준 역대 최대의 순매 수 규모로 맞대응하면서 시장을 방어했다. 외국인들의 매도 물량 대부분을 개인들이 받아내는 기세는 12월에도 꺾이지 않았다. 통상 연말인 12월은 외국인 또는 기관들이 북 클로징을 하고 일정 부분 이익 실현을 하면서 시장을 떠나는 시기라서 어느 정도의 조정이 예상되기도 한다. 하지만 이때도 개인들은 외국인과 기관의 물량을 받아내며 시장의 조정을 허락하지 않았다. 배당락일[36]인 29일에도 개인들의 뜨거운 분위기는 이어졌다. 통상적으로 배당락일에는 그동안 배당을 목적으로 매수를 이어왔던 물량들이 시장에 나오면서 지수가 하락하는 경우가 많았으나 이번엔 달랐다. 기관과 외국인이 2조 원 이상의 물량을 쏟아냈지만 역시 개인들이 모두 받아냈고 코스피 지수는 하락하기보다 오히려 0.42%로 상승하며 마감했다. 한국거래소가 추정한 현금 배당락에 따른 하락 효과가 코스피 기준 1.58%였음을 고려하면 이날 실질적인 지수 상승률은 2%가량이었던 셈이다. 개인들이 보여주는 이런 기세는 금융시장에 참여한 지난 30여 년을 돌아봤을 때 놀라움의 연속이다.

　어쩌면 지금은 버블을 향해 가는 과정이고, 그래서 또다시 붕괴가 오고 나서야 버블이었음이 확실해질 수도 있다. 그렇다면 버블의 진행 단계 중 우리가 어디쯤에 있는지 가늠해보는 것도 투자 판단에 도움이 될 것이다.

---

36 주식을 매수해도 배당 기준일이 지나 현금 배당을 받을 수 없는 날.

과거의 버블과 무엇이 비슷하고 무엇이 다른가?

지금이 버블을 향해 가고 있는 것인가의 여부는 사실 그 누구도 확언할 수 없다. 시간이 더 지나 붕괴의 순간을 맞이한다면 버블이었다는 해석이 쏟아질 테지만, 상승한 수준을 훼손하지 않은 채 잔잔한 파동만을 보이며 이 시기를 지나간다면 새로운 시대의 개막이었다는 평가가 주를 이룰 것이다. 현 시장에는 '증시가 단기간에 과열되었다'며 버블을 의심하는 경계의 목소리와 '아직은 버블을 걱정할 단계가 아니다'란 의견이 혼재되어 있다. 2020년 코스피 지수는 3월 저점 대비 두 배가 올랐고, 이는 충분히 우려할 만한 빠르기라고 생각한다. 증권사 리서치, 그중 거시경제에 기반하여 시장을 해석하는 이코노미스트들은 버블에 대한 불안감을 비치며 공격적인 견해를 내놓기도 한다. 반면 한국거래소는 'G20 주요국의 증시 평가지표 분석'이라는 보고서를 통해 간접적이기는 하지만 한국 시장은 아직 버블이 아니라는 의견을 들고 논쟁에 발을 들였다. 중립적 입장에서 시장 감시자로서의 역할을 하는 거래소까지 목소리를 내려 하는 상황이 된 것을 보니 버블 논쟁이 시장의 뜨거운 감자임에는 틀림없는 듯하다. 이럴 때일수록 다각적인 측면에서 찬찬히, 과거의 버블의 사례들과 무엇이 비슷하고 무엇이 다른지 비교해보면서 최대한의 객관성을 유지할 필요가 있다.

모든 버블의 시작에선 유동성의 역할이 제일 중요했다. 때문에 유동성의 관점에서 진단해보자면 현 시장은 분명 버블의 시기와 비슷한 점이 있다. 아니, 비슷함을 넘어 유동성이 그 어느 때보다도 과하게 풀려 있다. 유동성이 시장에 풀리는 정도는 중앙은행의 대차대조표 상에서 자산이 늘어나는 규모를 살펴보면 알 수 있다. 미국을 기준으로 보면 연준의 자산은 2008년도 금융위기 이후 2019년까지 10년이 넘는 기간 동안 약 4조 달러가 늘어났는데, 코로나19 이후엔 1년도 안 되는 기간 동안 비슷한 규모의 돈이 시장으로 풀려나가고 있다. 미국뿐 아니라 우리나라를 비롯해 유럽, 일본 등 많은 나라들 또한 이에 동조, 저금리의 통화완화적 입장을 유지하며 시장에 유동성을 풀어 놓고 있다. 시중에 넘쳐나고 있는 유동성은 굳이 중앙은행의 대차대조표가 아니더라도 광의통화, 또는 70조 원을 넘으면서 사상 최대 규

한국 시중의 유동성 추이

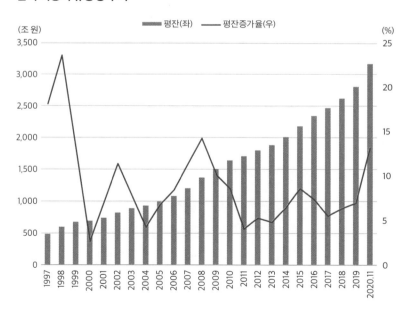

출처: 한국은행 「경제통계시스템」

모를 기록하기도 한 투자자 예탁금을 통해 쉽게 확인할 수 있다.

통화 정책이나 정부의 정책에 버블을 조장하는 면이 있는지도 한번 살펴볼 필요가 있다. 1997년 아시아 외환위기 이전의 상황을 돌아보면 대한민국은 세계은행이 인정한 아시아의 네 마리 용 중 하나로 뭔지 모르게 살짝 들뜬 분위기였고, 1996년 10월에 서명한 OECD 가입협정은 그런 분위기를 한층 더 띄워 올렸으며, 당시 시행된 금융자유화 정책은 기업들의 부채경영을 더욱 부추기는 방향으로 끌고 가는 결과를 낳았다. 이와 비슷한 진행 과정은 2000년 밀레니엄 버블 때에도 나타났다. 당시 IMF 사태 극복과 IT 육성을 표방하고 나선 우리나라는 새천년을 맞이하면서 Y2K에 대한 우려를 업고 정책적으로 인터넷 산업 부문을 지원하는 분위기였으며, 실제로 많은 정책자금들이 IT 산업을 위해 쓰이기도 했다. 그런가 하면 앞서 설명한 바 있듯 2008년 금융위기 당시 미국에선 '서민들도 모두 집을 가질 수 있어야 한다'는 정책하에 대출 완화가 시행되고 있었다. 이러한 세 번의 버블을 살펴보면 당시엔 모두 버블과 방향성을 같이 하는 정책들이 존재했었음을 알 수 있다.

이와 같이 정책적인 부분에서 버블을 견인하는 요인들은 지금도 비슷하게 관찰된다. 그중 대표적인 것이 재정을 통해 전 국민, 또는 코로나19로 인해 큰 피해를 입은 국민들에게 직접적으로 지원해야 한다는 전 세계적 분위기다. 물론 완화적인 통화 정책에만 의존하는 것보다는 재정 정책을 동시에 시행하는 것이 정책의 목적에 더 부합한다는 이야기는 앞서 이미 했던 바 있다. 다만 버블과 관련하여 우려스러운 점은 정부 부채의 화폐화Debt Monetization에 대한 논의가 진행되고 있다는 점이다. 정부 부채의 화폐화란 재난지원금이나 코로나19로 피해를 입은 소상공인 또는 중소기업에 대한 지원금 지급에 필요한 재원을 마련하기 위해 정부가 국채를 발행하고, 그것을 중앙은행에 매각하는 것을 말한다. 정부가 갖고 있는 부채를 중앙은행이 국채를 매개로 하여 떠안는 형식의 이 정책은 과거 독일의 바이마르 공화국 시절에 하이퍼인플레이션이라는 경험을 안겨주기도 했다. 물론 '현대 화폐금융 제도하에선 정부 부채의 화폐화로 인해 물가상승률이 높아질 필연적 이유가 없다'는 반론도 존재한다. 우리나라는 아직 이 정책의 장단점에 대한 논쟁이 이루어지는 단계에 있지만 이런 정책적 분위기는 버블을 향해 나아가는 모양새와 결을 같이한다.

'이번에는 다르다' 또는 '무조건 간다'는 식의 생각, 그리고 반드시 투자에 뛰어들어야 할 것 같은 조급함에서 비롯된 탐욕은 항상 버블을 만들어냈다. 때문에 사람들의 투자심리를 통해서도 버블 여부를 진단해볼 필요가 있는데, 이에 비춰봐도 역시 현 상태는 다소 과열된 단계에 있는 것으로 보인다. '나만 이 좋은 기회를 놓치고 소외되고 있는 게 아닐까?' 하는 두려움과 조바심을 나타내는 '포모FOMO, Fear Of Missing Out 증후군'이 기저에 깔린 수많은 이들이 주식시장에 들어오고 있다. 국내뿐 아니라 해외 주식과 관련된 신규 계좌 개설이 폭증하는가 하면 거래량 급증으로 MTSMobile Trading System 접속이 지연되는 일도 있었다. 현금이 없다면 빚이라도 끌어와 투자를 하는 사람들 또한 늘어났다. 서점에서 재테크 매대의 일부에만 진열되어 있던 주식 관련 서적들은 이제 아예 한 섹션을 통째로 차지하고 있다. 유튜브에서는 주식투자 관련 콘텐츠가 넘쳐나고 심지어 공중파의 예능 프로그램에 업계 종사자들이 출연하는 경우도 잦아지고 있다. 이런 요소들을 살펴보면 전반적인 투자심리는 분명히 과열된 상태라는 점에서 버블의 조짐이 느껴진다 할 수 있다.

그러나 과거 버블의 사례들과는 다른 부분들도 관찰된다. 경기 또는 경제의 방향성 측면에서 봤을 때, 그간의 버블 대부분은 실물경제가 꼭대기에 있거나 더 이상 올라가지 못하고 정체된 국면, 또는 하강하는 국면에서 터지곤 했다. 하지만 2021년 상반기 현재는 대공황 이후 최악의 경기침체를 겪은 뒤 이제 막 희망을 보기 시작하는 시점이라 실질적 회복을 논하기는 어려운 상황이다. 시장의 질주로 주식시장과 실물경제와의 괴리가 벌어져 있긴 하나, 금융시장을 이끄는 주체가 결국 실물경제임을 생각해보면 아직 버블의 정점을 말할 수 있는 국면이라고는 보기 힘들다.

밸류에이션 측면에서 살펴봐도 아직 한국의 주식시장은 비싸다고 이야기할 만한 수준에 다다르지 않았다. 오히려 미국 같은 선진국이나 여타 신흥국들의 평균과 비교해보면 한국 주식시장의 밸류에이션은 최근 들어 비교적 올랐음에도 상대적으로는 여전히 싼 편에 속한다. 한국거래소가 2021년 1월 내놓은 'G20 주요국의 증시 평가지표 분석' 자료에 따르면 한국 지수의 12개월 선행 PER은 15.4배로, 미국(23.7배)과 일본(23.6배), 중국(16.4배), 독일(16.3배)보다 여전히 낮은 수준이다. 다만 지금의 PER 수준이 역사적으로 봤을 때는 고점 근처이기 때문에 경계의 끈을 잡고 있을 필요성은 있다.

아직 버블의 정점을 우려하지 않아도 되는 또 하나의 이유로는 과거 버블이 터지기 이전엔 반드시 유동성이나 통화 정책의 변화가 있었다는 점을 들 수 있다. 버블로 가는 길목에서 시장이 너무 과열되어 있음을 느낀 정책당국, 특히 중앙은행은 양적완화를 줄이거나 금리를 인상하는 등의 정책적인 변화를 주었는데, 이렇게 유동성이나 통화 정책의 변화가 선행되고 나서 시장이 폭락하는 경우가 대부분이었던 것이다. 그에 비해 현재는 아직 정책의 변화를 걱정하기엔 이른 시점이

연준의 기준금리 추이[37]

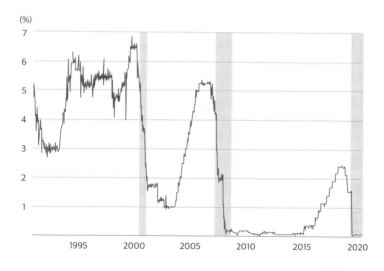

출처: Macrotrends

37 회색 음영 부분은 경기침체기를 나타낸다.

기 때문에 버블이 임박했다고는 보기 힘들다.

개인들의 자산 이동에서 구조적 변화가 일어나고 있다는 점도 과거 버블의 사례와의 차이점으로 꼽을 수 있다. 최근 한국 주식시장에서는 개인투자자들이 강력한 매수 주체로 등장했다. 또 저금리 체제하에서 금고 역할밖에 하지 못하는 은행을 떠나 주식시장으로 자금이 이동하는 머니 무브Money Move 현상 또한 가속화되고 있다. 과거엔 부동산으로 유입되던 대규모 자금들도 정부의 규제 강화 및 보유세 등의 세금 이슈 때문에 부동산 대신 증시로 흘러 들어왔다. 지금은 이렇듯 큰 틀에서의 구조적 변화가 일어나고 있는 시점이기에, 다소 과열된 것은 맞지만 버블을 언급하기엔 다소 이르다는 판단이 든다.

보통 금융시장의 버블은 우리 시장, 또는 우리 경제의 내부적 요인뿐 아니라 외생적 요인들이 복합적으로 작용해서 붕괴되는 경우가 많다. 물론 IMF의 구제금융이 있었던 1997년엔 기업들의 과도한 부채 경영이라는 우리만의 구조적 문제가 원인이었지만, 2008년 금융위기처럼 미국 부동산 시장의 지나친 상승이라는 해외발 요인이 작용하는 경우도 있다. 현재 적극적 재정 정책 및 완화적 통화 정책으로 우리나라의 정부 부채가 빠른 속도로 증가하고 있다는 점은 다소 우려되는 것이 사실이다. 하지만 정부 부채 규모의 절대적 수준에서 보자면 아직 과도하게 높은 수준이라고는 할 수 없기 때문에, 만약 시장이 내려앉는다면 우리나라 고유의 요인보다는 해외로부터의 충격이 단초가 될 가능성이 높을 것으로 보인다. 현재 과잉 유동성으로 전 세계 주가 수준이 높고, 실물경제와 주식시장의 괴리가 있는 상태이므로 대중의 기대심리가 꺾이는 어떤 사안이 발생한다면 글로벌 시장은 충격을 받을 수도 있다. 그리고 이러한 글로벌 금융시장의 반전의 쓰나미가 몰려온다면 한국 시장도 과거의 사례가 반증하듯 예외는 아닐 것이다.

시장이 하는 이야기에 귀를 기울이자

지금까지 버블의 일반적 특징과 과거 버블의 사례, 현재가 버블로 가는 길목인지 아닌지를 가늠해보았다. 버블이 어떤 것인지 구체적으로 파악하고 경계심을 늦추지 않으면, 혹시 모를 붕괴를 맞닥뜨리게 되더라도 좀 더 이성적으로 자신의 자산을 관리할 수 있다. 앞서 이야기했듯 현재의 상황이 과열이라는 점에는 반론의 여지가 적은 듯하나, 버블의 여부를 미리 정확히 판단하고 시장을 예측한다는 것은 인간으로선 불가능한 영역이다. 지나고 나서야 비로소 확실하게 보이는 것들은 정작 당시를 경험하는 상황에선 잘 보이지 않는다. 전 세계를 강타한 대공황이 발생하기 전조차 경제는 활황이었고, 주식시장에선 낙관적 전망이 우세했다. 당시의 풍요로움과 낙관론은 1925년 발간된 F. S. 피츠제럴드F. S. Fitzgerald의 《위대한 개츠비The Great Gatsby》에서 묘사된 배경과 등장인물들의 생활을 통해서도 단적으로 짐작해볼 수 있다. 버블이 예측 가능한 것이라면 인류가 수차례의 버블을 경험하거나, 수많은 사람들이 버블 붕괴로 피해를 입는 상황도 발생하지 않았을 것이다.

여기서 강조하고 싶은 것은 시장을 예측하고 그 예측을 맹신하려 하진 말라는 점이다. 혹시 모를 상황에 대한 공부와 준비는 해야 하지만, 자신의 예측을 바탕으로 하여 선제적으로 움직이는 행위는 굉장히 위험할 수 있다는 점을 꼭 알았으면 한다. 시장이라는 곳은 전 세계의 수많은 사람들이 돈을 벌겠다는 동일한 목적으로 자신이 가지고 있는 모든 지식과 경험을 가지고 들어와 치열하게 치고받는 곳이다. 이런 시장에 참여한 한 명의 개인인 내가 혼자만의 지식과 경험으로 시장을 예측하고 미리 대응할 수 있다고 여기는 것은 무모한 편견일 수 있다.

시장을 미리 예측하고 그에 따라 투자를 하는 것이 얼마나 위험할 수 있는지를 보여주는 예가 과거의 타이거 펀드Tiger Fund다. 줄리언 로버트슨Julian Robertson의 타이거 펀드는 절대수익을 추구하는 헤지펀드의 하나로 조지 소로스George Soros의 퀀텀 펀드Quantum Fund 다음으로 규모가 큰 펀드였다. 1980년 론칭된 타이거 펀드는 블랙먼데이가 있었던 1987년을 제외하고 1998년까지 두 자릿수의 높은 연평균 수익률을 시현했고, 줄리언 로버트슨은 '헤지펀드의 아버지' '월스트리트의 마법사'로 불렸다. 그는 아시아 지역에도 활발히 투자했는데, 1997년 외환위기 직후 SK텔레콤에 투자한 것을 계기로 우리나라에도 알려지게 되었다. 지난 5월 레버리지 헤지펀드의 막대한 손실로 월가를 떠들썩하게 만들었던 아르고스 캐피털Archegos Capital의 대표인 한국인 빌 황이 당시 타이거 펀드 아시아에서 근무했다.

전설의 투자가 로버트슨은 1990년대 후반의 IT 버블을 정확히 예측했다. 이익 및 향후 전망에 비해 IT 기업들의 주가가 지나치게 높이 매겨져 있다는 이성적 판단을 내린 것이다. 그는 빌 클린턴Bill Clinton 과 앨런 그린스펀이 만들어낸 비이성적인 닷컴 버블을 받아들일 수 없었기에 IT 주식들의 비중을 줄여나갔고, 1999년에는 관련 주식들을 모두 편출하고 그 자리를 가치주로 채웠다.

하지만 닷컴 기업들의 주가는 2000년에 들어선 후에도 버블의 순풍을 타고 천정부지로 치솟았고, 그가 채워넣은 가치주들의 가격은 계속 하락했다. 비이성적 닷컴 버블을 끝까지 거부했던 로버트슨은 수익률 부진과 환매를 버티지 못한 나머지 2000년 3월 펀드를 정리하고 월가를 떠난다. 그런데 그가 손을 떼자마자 아이러니하게도 닷컴 버블은 꺼지고 가치주는 제값을 찾아가기 시작했다. 조금만 더 버텼더라면 수익률을 회복함은 물론 큰 수익까지 낼 수 있었을 것이다. 이 사례는 아무리 전설의 투자가라 해도 시장을 예측하고 선행적으로 움직이는 것이 얼마나 위험한 일인지를 단적으로 보여준다.

시장 예측에 기반하여 선행적으로 판단하기보다는 시장이 지금 하려는 이야기를 잘 듣는 것이 투자에 훨씬 도움이 된다. 시장은 어느 날 느닷없이 그냥 주저앉진 않기 때문이다. 1987년 미국의 블랙먼데이나 2001년의 9·11 테러처럼 그 누구도 예측할 수 없었던 사건이 일어날 때도 분명 있다. 그러나 과거를 복기해보면 시장은 하락하는 추세를 나타내기 전에 분명 투자자들에게 징조를 보여주었다.

앞서 돌아봤던 버블의 경우에서도 예외가 아니었다. 1997년의 경우에도 기업들의 부채가 너무 높았다. 상반기의 한보철강을 시작으로 하여 결정적 타격을 입힌 기아자동차에 이르기까지 기업들은 줄줄이 도산해버렸고, 정부는 애써 외면하고 있었지만 외환보유고도 줄어들고 있었다. 시장은 계속해서 사람들에게 경고를 하고 있었던 것이다. IT 버블 당시에도 마찬가지로 시장은 100배 넘게 치솟는 주가와 1만 배에 가까운 PER, IPO 시장의 광풍을 통해 여러 조짐들을 뚜렷이 드러냈다. 2008년 금융위기 때는 어땠는가. 당시의 이야기를 다룬 영화 '빅쇼트The Big Short'는 은행의 도산을 예견한 주인공들이 금융기관의 부동산 부채담보부증권CDO, Collateralized Debt Obligation을 갖고 신용부도스와프CDS, Credit Default Swap 계약을 맺어[38] 거액을 버는 모습을 보여준다. CDO의 기초자산이 대부분 서브프라임에 들어가 있어 대출채권이 부실화되고 있음에도 CDO의 가격은 이를 반영하고 있지 않았다. 탐욕에 젖어 있는 사람들에게 시장의 이야기는 잘 들리지 않았던 것이다. 우리나라의 분위기 또한 주식시장의 활황으로 아주 좋았고, 정부의 세제지원 덕에 해외투자 붐까지 일어 엄청난 인기의 인사이트 펀드들이 개인들의 돈을 쓸어모으고 있었다. 2007년부터 문제가 되기 시작한 서브프라임은 이듬해 3월 베어스턴스가 무너지면서 세상에 크게 한 번 목소리를 냈다. 하지만 시장은 같은 해 9월 리먼 브라더스의 부도 소식을 접하고서야 사태의 심각성을 알아

---

38 CDO는 회사채나 금융회사의 대출채권 등을 조합하여 증권화시키는 것, CDS는 어떤 금융 상품의 가치가 떨어지거나 부도가 났을 때 그로 인한 손실을 보전해주는 계약을 뜻한다. 따라서 CDO 파산으로 채무불이행이 되면, 영화 속 주인공들은 그 금액만큼을 지급받으면서 돈을 버는 구조가 된다.

차리기 시작했다.

　시장이 이런 조짐들을 내비칠 때 우리는 탐욕을 벗어난 맑은 눈으로 시장의 이야기를 들을 수 있어야 한다. 붕괴를 막을 수는 없겠지만, 그 이야기를 들어야만 시장의 상황에 대응하는 것이 가능해지기 때문이다. 물론 결코 쉬운 일은 아니다. 우리는 시장에 참여하는 일개 개인임과 동시에 그 시장의 일부이기 때문이다. 그렇기에 우리에게 필요한 것은 한 발짝 떨어져 넓은 시야로 시장을 조망하는 능력이다. '미네르바의 부엉이는 황혼녘에 날아오른다'라는 말처럼, 시장에 참여할 때에는 거리두기의 지혜가 꼭 필요하다. 버블을 예측하려 들지 않고, 자신을 객관화하며, 때로는 시장에서 조금 물러나 시장의 이야기를 듣는 귀를 키우는 투자자들만이 살아남을 수 있다.

08

기관투자가에 대한
이해와 오해[39]

기관은 왜 국내 주식을 속시원하게
매수하지 않는 걸까?

2020년 동학개미들이 적극적인 매수 주체로 시장 상승의 견인차 역할을 하는 동안 연기금, 공제회, 자산운용사 등과 같은 기관투자가들은 매수에 적극적인 모습을 보이지 않았다. 심지어 코로나19 사태가 발발한 뒤인 2020년 3월의 급락 국면에서는 시장의 하락을 부추기는 매도자가 되기도 했다. 이는 개인투자가들의 기대에 부응하지

---

39 참고자료: 국민연금기금 운용지침, 국민연금기금 운용규정, 공무원연금 금융자산 운용지침

못하는 모습이었다.

그렇다면 국민연금은 왜 시장 하락기에 적극적인 매수를 통해 증시 안전판 역할도 하면서, 외국인 매도세에 과감히 맞서 한국 증시를 지키는 파수꾼 역할을 하지 못하는 걸까? 700조 원을 넘어 나날이 증가하고 있는 국민연금이 위기의 순간에 등장해주지 않는 것에 대해 대중이 실망을 느끼고 있는 것도 사실이다. 물론 당연한 기대이고 당연한 실망이지만, 기관투자가의 속성을 좀 더 깊숙이 들여다보면 그들이 그렇게밖에 할 수 없는 이유가 조금은 이해되기도 한다.

국민연금은 현재 전체 금융자산 중 약 17% 정도를 국내 주식에 투자하고 있다. 하지만 전 세계 주식시장에서 대한민국이 점하는 비중은 2%도 채 되지 않는다. 따라서 적절한 지역 배분의 측면에서, 또 장기적 수익률 향상의 관점에서 봤을 때 한국 주식이 차지하는 17%라는 비중은 지나치게 높기 때문에 낮출 필요가 있는 것이다. 시장의 모든 참여자는 시장에서 형성된 가격을 받아들이는 프라이스 테이커 Price Taker가 되어야 하며, 프라이스 메이커 Price Maker가 등장하는 순간 시장은 깨지게 된다. 국민연금이 스튜어드십 코드 도입을 통해 제한적으로 경영에 참여하겠다는 뜻을 보이자 시장에서 곧바로 연금사회주의에 대한 우려가 제기된 것도 이와 비슷한 맥락에서였다. 국민연금이 국내투자 비중을 늘려감과 동시에 주주권을 적극 행사하고 나설 경우 경영권 침해, 나아가 시장교란의 상황이 발생할 가능성을 우려했던 것이다.

이런 여러 요소들을 반영하여 국민연금은 장기적 전략 면에서 해외 주식 비중을 높이는 방향으로 자산을 배분해가고 있다. 다만 속도를 급격히 높이면 국내 시장에 미치는 충격이 클 것이기에 점진적으로 꾸준히 진행하는 상황이다. 국민연금은 앞으로 약 2,000조 원까지 늘어날 것으로 예상되는데, 이렇게 큰 규모의 자금을 국내 시장에 가두어둘 수만은 없다. 그야말로 연못 속에서 계속 커가는 고래가 될 수 있기 때문이다. 국내 시장 투자자의 관점에서 보면 당연히 아쉽겠지만, 대한민국 국민 전체의 장기적 노후 준비를 위해 국민연금이라는 고래는 국내 시장이라는 연못이 아닌, 넓디넓은 바다로 보내 마음껏 자라도록 하는 것이 옳다.

사실 매매 동향, 투자 정책 변화, 수익률 등 기관투자가의 전반적 투자 상황에 대한 이야기는 각종 방송 매체들에 거의 하루도 빠짐없이 등장한다. 그만큼 시장 참여자들이 꾸준하게 관심을 갖는 내용인 것이다(그런 이야기들 중에는 맞는 것도 있고, 틀린 것도 있으며, 실상을 잘 모르고 하는 것도 있다). 사실 주식시장에 참여하는 개인투자가들은 역시 이 시장의 주요 참여자인 기관투자가에 대해 반드시 깊이 이해하고 있어야 한다. 그들의 속성을 제대로 알아야만 기관투자가를 극복하고 자신의 투자를 잘 해나갈 수 있기 때문이다. 지금부터는 도대체 기관투자가들이란 누구를 말하는 것인지, 또 그들은 어떤 시스템하에서 어떻게 투자하는지에 대해 살펴보자.

기관투자가의 종류와 투자 목표

시장에서 흔히 말하는 '기관투자가'는 연기금, 공제회, 보험사, 자산
운용사, 금융투자회사 등 서로 다른 특징을 갖는 법인 형태의 기관들
을 모두 아우르는 명칭이다. 이들 기관은 제각기 성격이 다를 뿐 아니
라 자금의 쓰임새나 목적도 다르고, 그렇기에 투자 목표와 방법 역시
제각각이다. 때문에 이들을 파악하려면 기관별로 살펴봐야 한다.

먼저 국민연금, 공무원연금, 사학연금과 같은 3대 연기금으로 대
표되는 연기금이 있다. 그중 규모 면에서 가장 큰 것은 기금 적립액이
750조 원을 넘는 국민연금으로, 자산 규모 측면에서 보자면 일본 공

기관투자가의 종류

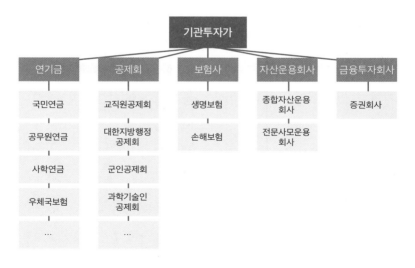

적연금펀드GPIF와 노르웨이 국부펀드GPFG에 이은 세계 3대 연기금이다. 앞서 언급했듯 해외투자를 꾸준히 늘리고 국내투자를 줄이는 방향으로 가고 있긴 하나 국내 주식에 전체 기금의 17%를 투자하고 있는 '큰손'이다. 또한 기금 자체의 성장 속도가 빨라 국내뿐 아니라 국제 시장에서의 존재감도 날로 커지고 있다. 국민연금 외에 공무원연금, 사학연금 역시 국내시장에서 큰손의 반열에 든다. 이들 연기금은 기본적으로 장기 투자의 성격을 갖고 있는데, 뒤에서 좀 더 자세히 설명하겠지만 중장기 전망을 바탕으로 자산을 배분하는 것을 주요 수익 창출 전략으로 삼는다. 즉, 종목 선정을 통한 액티브 운용 및 단기 트레이딩과는 성격상 거리가 있는 것이다. 그렇다면 국민들의 노후를 책임지는 이들 연기금의 투자 목표는 무엇일까?

연금을 수령하는 국민의 입장에서 기본적으로 어떤 것을 기대하는지를 생각해보면 답은 간단하다. 만약 현재 한 달 식비 정도에 해당하는 돈을 다달이 국민연금에 붓고 있다면, 훗날 연금을 수령하게 되었을 때 역시 최소한 한 달 수령 금액으로 한 달 식비는 기본적으로 충당할 수 있을 거라 기대할 것이다. 그에 더해 오랜 기간 투자해왔으니 당연히 플러스 알파의 수익도 기대할 테고 말이다.

그런데 화폐는 시간이 지날수록 그 가치가 떨어진다. 30년 전의 1,000만 원과 지금의 1,000만 원은 구매력 면에서 확연한 차이가 난다. 국민들이 젊은 시절부터 꾸준히 불입한 연금을 30년 후 저하된 구매력으로 돌려주어선 안 되기에, 국민연금의 가장 중요한 투자 목표는 '정해진 위험한도 내에서 자금의 실질가치를 장기적으로 유지하면서 플러스 알파의 수익을 창출하는 것'이다. 즉, 실질경제 성장률 + 소비자 물가상승률을 기본적으로 따라가면서 추가적인 수익을 내는 것이 연기금 제일의 목표인 것이다.

다음으로 살펴볼 기관투자가는 공제회다. 규모가 가장 큰 교직원공제회를 포함하여 행정공제회, 군인공제회, 과학기술인공제회, 경찰공제회 등이 속해 있는 7대 공제회가 대표적이다. 대개 회원들의 노후 안정 등을 위해 조합의 형태로 설립된 공제회들은 장기 저축 격인 회원들의 납입금을 바탕으로 운영된다. 통상 시장금리보다 높은 금리를 제공하기 때문에 저금리 시대에 쫓긴 시중 자금이 몰리면서 성장의 발판을 마련했다.

이들은 매년 회원들에게 일정한 이자를 지불해야 한다. 다시 말해 수익을 많이 거둔 해에는 많은 이자를, 적게 거둔 해에는 적은 이자를 주는 구조가 아니라는 뜻이다. 때문에 공제회에게 있어 중요한 목표는 절대수익을 내는 것이고 부동산이나 인프라, PEFPrivate Equity Fund 등과 같은 대체투자의 비중이 높은 이유도 이것이다. 주식시장의 변동성이 커진 해에도 대체투자의 경우엔 주식과의 상관관계가 낮아 일정 수익을 꾸준히 거둘 수 있기 때문이다. 2020년 6월 말 기준 교직원공제회의 대체투자 비중은 55.2%[40]였는데, 같은 해 국민연금의 대체투자 목표가 13%[41]였던 것과 비교해보면 크게 차이가 난다는

---

40 https://www.ktcu.or.kr/IN/IN-P710T02.do
41 https://fund.nps.or.kr/jsppage/fund/prs/policy01.jsp

점을 알 수 있다. 그 외 공제회들의 2020년 자산배분 목표에서 대체투자가 차지하는 비중을 보면 행정공제회는 58.8%,[42] 군인공제회는 69.4%,[43] 과학기술인공제회는 65%[44]로 모두 전체의 절반을 훌쩍 넘는다. 이처럼 공제회들은 대체투자를 주 수익원으로 삼고, 주식으로는 플러스 알파의 수익을 추구한다.

다음으론 생명보험과 손해보험으로 대별되는 보험사가 있다. 보험사인 만큼 가입자에게 제때 보험금을 지급할 수 있게끔 하는 것이 자금 운용의 방식을 결정짓는 기반이 될 것이다. 이들의 가장 중요한 목표는 자산부채관리, 즉 ALMAsset Liability Management이다. ALM은 자산의 만기Duration와 부채의 만기를 매칭시키는 것으로, 쉽게 말해 자산 운용을 통해 들어오는 수익(자산)의 유입 시기를 보험사가 지급해야 할 보험금(부채)의 유출 시기와 일치시키는 것이다. 조금 어려운 표현을 쓰자면 자산과 부채의 금리 민감도를 비슷하게 맞춰 금리 변동에 따른 보험사의 자본 변동성을 최소화하는 것이라고도 설명할 수 있겠다.

그러나 같은 보험이라 해도 생명보험과 손해보험은 성격이 달라 자산 운용의 방법에서도 차이를 보인다. 생명보험은 사망보험 또는 연금보험과 같이 그 성격이 길다. 따라서 주식투자를 할 경우에도 연금처

---

42 https://www.poba.or.kr/mno/mno01/mno0105/mno010501
43 http://www.mmaa.or.kr/contents.action?menuid=617
44 https://www.sema.or.kr/front/notify/assetPlan.do?menuId=MEU201700311

럼 장기 투자의 개념으로 접근을 한다. 채권에 투자할 경우 장기 채권에 투자하여 장기인 보험상품의 만기에 맞추는 것이 좋다. 반면 자동차보험이나 실손보험 등과 같은 손해보험은 생명보험과 달리 만기가 짧고, 보험금 지급의 시기를 예측하는 것도 어렵다. 때문에 손해보험사들은 절대수익을 추구하는 투자를 하며, 주식에 투자하는 경우엔 단기 트레이딩을 하기도 한다.

또 다른 기관투자가인 자산운용사는 아마도 우리에게 제일 익숙한 기관일 것이다. 자산운용사는 주로 운용하는 상품이 무엇인가에 따라 크게 둘로 나뉘는데, 하나는 공모펀드에 주력하는 종합자산운용사이고 다른 하나는 사모펀드에 주력하는 전문사모운용사다. 한국투자신탁, 대한투자신탁, 국민투자신탁 등의 3대 투신사는 과거 국내 자본시장을 주도하는 기관투자가의 꽃이었다. 하지만 마케팅의 용이성에 기대 늘 상투에서 펀드를 대량으로 판매하는 증권사 또 펀드 성과 면에서 투자자들을 만족시키지 못한 운용사들 탓에 현 시장에서의 존재감은 미미한 상황이다. 사모운용사들의 경우엔 사모펀드 활성화 정책으로 한국형 헤지펀드 발전의 발판을 마련하는 듯했으나 최근 불거진 라임 및 옵티머스 사태로 제동이 걸렸다.

펀드의 성격에 따라 투자의 목표도 나눠서 살펴볼 수 있다. 종합자산운용사에서 운용하는 전통적 펀드들의 목표는 벤치마크 대비 초과 수익을 내는 것이다. 즉, 가령 국내 주식형 펀드라면 코스피 지수보다 나은 수익률을 달성하는 것을 목표로 삼는다. 그에 반해 전문사모운용사에서 운용하는 사모펀드, 소위 헤지펀드의 경우에는 절대수익을 거두는 것이 목표다. 시장의 오르내림과 상관없이 수익을 내야 하기에 '시장이 빠져서 수익률이 좋지 않았다'고 말할 수 없는 구조인 것이다.

마지막으로 살펴볼 기관투자가는 금융투자회사, 즉 증권사다. 이들은 고유자금을 운용하고, 최근엔 시장에서의 존재감이 커지고 있다. 증권사의 HTSHome Trading System 또는 MTS를 통해 거래해본 경험이 있다면 현물 시장뿐 아니라 파생상품 시장에서도 이들의 매수/매도 거래 규모가 타 기관보다 크다는 것을 알 수 있다. 금융투자회사 고유 계정의 경우 절대수익을 추구한다. 정해진 위험한도 내에서는 자유롭게 투자할 수 있고, 운용팀과 회사가 수익을 나누어 갖는 인센티브 시스템으로 돌아가는 구조로 기업이 운영되기 때문에 거래가 가장 치열하고 활발하게 일어나는 곳이다. 거래세가 부과되어 차익거래를 제대로 할 수 없는 다른 기관들에 비해 수수료 없이 차익거래를 할 수 있다는 점도 큰 거래량에 한몫을 담당한다.

기관투자가의 투자 프로세스
: 연기금을 중심으로

기관투자가들은 성격과 투자 목표가 저마다 다르기에 구체적인 투자 방식에서도 차이를 보인다. 지금부턴 연기금을 중심으로 기관투자가의 투자 프로세스를 살펴보면서 개인의 투자와는 어떻게 다른지, 또 개인투자가들이 참고하거나 적용할 수 있는 부분은 없는지 생각해보기로 하자.

장기 투자를 기본으로 하는 연기금은 한 해 한 해의 수익률을 쫓는 방식으로 투자하지 않는다. 또 매년 또는 매 분기 시장 전망을 바탕으로 주식의 비중을 정하거나, 유망 종목을 발굴해 투자함으로써 수익을 추구하는 데 집중하지도 않는다. 연기금의 투자 프로세스에서 가장 중요한 부분은 앞서 언급했듯 자산배분, 좀 더 자세히 말하자면 전략적 자산배분이다. 연기금은 기본적으로 매년 향후 5년을 대상으로 전략적 자산배분을 하고, 시장 전망 또는 자산군별 기대수익률에 큰 변화가 생길 경우를 대비해 연간으로 보완 수정하는 절차를 밟는다.

전략적 자산배분의 과정은 대략 다음과 같다. 먼저 주식, 채권, 대체투자, 단기 자산과 같은 투자 대상 자산군을 선정한다. 자산군의 속성에 따라 기대되는 수익률 및 위험도 저마다 다르기 때문에, 각 자산군별로 거시경제 및 금융시장 전망과 통계 모형을 통해 장기 기대수익률과 위험을 추정한다. 그 결과로 나온 수치들을 바탕으로 자산배분 모형을 돌려 여러 배분안을 산출하고, 그중 종합적으로 봤을 때 연금의 목표수익률과 허용된 위험한도 등과 맞는 최적의 안을 결정한다.

그러나 이렇게 각 자산군별로 배분했다 해도 시장의 움직임에 따라 실제 투자 비중은 끊임없이 변하기 마련이기 때문에 어느 정도의 허용범위를 정해둔다. 가령 국내 주식에 배분된 비중이 15%이고 투자 허용범위가 ±2%라면, 국내 주식의 비중이 주가의 움직임에 따라 16.5%로 증가하는 경우라도 이는 허용범위를 넘지 않는 수치이기 때문에 목표 비중으로 간주하는 것이다. 그러나 이러한 허용범위를 벗어날 경우엔 다시 허용범위 내로 들어오도록 조정하는 리밸런싱 Rebalancing 과정을 거친다.

　주식투자에서 연기금은 보통 패시브 운용을 지향하기는 하나 액티브 운용이 아예 없는 것은 아니다. 시장 전망을 기초로 하는 액티브 운용은 주로 전술적 자산배분TAA, Tactical Asset Allocation을 통해 이루어진다. 전술적 자산배분이란 전략적 자산배분을 기준으로 일정 허용범위 내에서 자산을 조정하여 배분하는 것을 의미한다. 다만 여기서 말하는 액티브 운용이란 종목 선정을 통한 액티브 운용과는 구분되는 것으로, 시장에 투자하는 비중을 조정하는 적극적 운용을 말한다. 예를 들어 전략적 자산배분으로 정해진 국내주식의 투자비중이 15%이고, 전술적 자산배분의 허용범위가 ±3%라면, 12~18% 안에서는 시장 전망에 따른 비중 조정이 가능하다.

　가장 중요한 자산군별 배분이 정해지면 그다음으로는 자산군 내에서의 배분을 결정하는 과정을 밟는다. 주식을 예로 들자면, 연금 내부에서 직접 운용하는 자금의 경우 보통 주가지수의 수익률을 따라가며 시장의 베타를 추종하는 패시브 운용이다. 대개는 ETF를 활용하고, 따라서 이 단계에선 플러스 알파의 수익을 낼 수 있는 액티브 운용의 비중을 어느 정도로 잡을 것인지를 결정하게 된다. 이는 민간 기관의 액티브 펀드를 대상으로 운용을 아웃소싱하는 위탁운용의 형식으로 진행된다. 먼저 스타일별 배분, 즉 중소형주 펀드, 가치주 펀드와 같은 스타일에 따른 배분을 한 후, 해당 스타일의 펀드를 운용하는 운용사를 선정한다. 이때 운용사의 경영 안정성, 운용 실적, 위험관리 체계 등이 종합적으로 평가 대상이 된다. 운용사 및 펀드 선정이 완료되어 실제 자금이 집행되면 이후에는 분기별 리뷰 및 정기평가의 과정을 거치게 된다. 여러 등급으로 나뉘는 평가 결과에 따라 위탁 규모가 증액되는가 하면 자금이 회수되는 경우도 있다.

위험관리와 성과 평가

차곡차곡 쌓아올리던 수익률도 한순간에 무너질 수 있는 곳이 투자의 세계다. 경제 불확실성이 계속 확대되는 시대에 좋은 수익을 거두는 일 못지않게 중요한 것은 손실을 잘 방어하는 일이다. 이는 기관투자가와 개인투자가 모두에게 해당되는 이야기다.

금융시장이 직면하는 수없이 많은 위험들을 최소화하기 위해 기관투자가들은 종합적인 위험관리 체제를 구축해두고 있다. 이와 관련된 업무는 보통 내부에 있는 자금 운용 조직, 그리고 독립적으로 운영되는 위험관리 조직이 수행한다. 이들은 투자에 수반되는 각종 위험을 인식, 측정 및 통제함으로써 자금 운용과 관련된 제반 업무들이 운용 원칙에 부합되게끔 하는 것을 기본 목적으로 삼는다. 허용된 위험 내에서 수익에 비하여 과도하거나 추가적인 위험에 노출되지 않도록 지속적으로 포트폴리오를 모니터링하는 것이다.

금융 자산의 운용에 따른 위험은 시장 위험Market Risk, 신용 위험Credit Risk, 유동성 위험Liquidity Risk, 운영 위험Operation Risk 및 법률 위험Legal & Compliance Risk 등으로 구분, 관리된다. 시장 위험은 주가,

이자율, 환율 등 시장 가격의 불리한 변화에 따라 보유 유가증권의 가치가 하락하게 되는 위험으로, 통계적으로 산출한 값인 최대예상손실액VaR, Value at Risk으로 측정되며 허용범위 안에서 벗어나지 않도록 관리된다. 신용 위험은 거래 상대의 채무 불이행 또는 신용도 저하에 따라 투자 원리금을 당초 약정한 대로 회수하는 것이 불가능해지거나 투자 자산의 가치가 하락하게 되는 위험이다. 역시 통계적으로 산출한 값인 VaR로 측정 및 관리되고, 상품별로는 회사채 및 기업어음 투자 등급, 동일 회사별 투자한도, 거래기관 선정 기준 등을 통하여 관리한다. 유동성 위험은 적정 유동성 부족이나 시장의 거래 부진 등으로 정상 가격에 매매하는 것이 어려워짐에 따라 발생할 수 있는 위험이고, 연간 총수입 및 총 지출을 추계하여 산정한 월별 단기 자금 규모, 예측치 못한 지출에 대비하여 산정한 적정 유동성 자금 규모를 바탕으로 관리된다. 운영 위험 및 법률 위험은 적절치 못한 업무 처리 절차, 시스템 오류, 직원의 실수나 부정, 법률 위반이나 외부 사건 등으로 재무적·비재무적 손실이 초래될 위험이며 정기 및 수시 모니터링으로 관리된다.

위험관리 조직은 이렇게 다섯 가지로 구분되는 핵심 리스크 지표를 모니터링하고, 위험 한도 설정 등을 통해 위험을 인식, 평가, 통제한다. 중대한 운영 위험이 발생할 시에는 위험관리위원회의 심의를 거쳐 대책을 마련하기도 하고, 금융 자산 매입 시 사전에 정한 규칙에 따라 내부 컴플라이언스 점검 및 내부 감사를 실시함으로써 위험들을 최소화하고 관리하기 위해 노력하고 있다.

마지막으로 살펴볼 성과 평가란 일련의 프로세스에 따라 이루어진 자산 운용의 수익률을 측정 및 평가하는 과정이다. 성과 평가는 기준 수익률Benchmark 대비 운용 실적을 평가하는 것을 기본으로 하고, 그에 사용하는 수익률은 원칙적으로 시간가중 수익률이다. 수익률 이외에 투자 위험을 고려한 샤프 비율Sharpe Ratio과 정보 비율Information Ratio 등에 의한 위험 조정 성과도 평가의 대상이 된다.[45] 매년 실시되는 성과 평가는 내부적으로 진행되기도 하지만 기재부에서 공공기금 평가단을 통해 70여 개의 기관들을 대상으로 진행하기도 한다. 성과 평가의 결과는 자산 운용 및 보상 체계에 반영되어 자산 운용의 효율성 및 책임성을 제고시킨다.

이상과 같이 기관투자가들의 성격과 투자 목표, 프로세스, 위험관리 등을 살펴보았다. 이를 통해 기관투자가들의 시장에서의 행동을 이해하고, 시장을 큰 틀에서 바라보는 시각이 조금이나마 뚜렷해졌으면 하는 바람이다. 또 기관의 투자 및 관리 방식에 관한 내용 중 개인이 자신의 투자에 적용하거나 참고해볼 만한 것이 있는지 생각해보는 것도 유의미한 활동이 될 것이다.

---

45 샤프 비율과 정보 비율은 구체적 산식에선 차이가 있으나 개념적으로는 모두 투자자가 부담하는 위험에 대해 수익률이 이를 얼마나 잘 보상하고 있는지를 알아보는 지표다. A라는 자산이 B라는 자산보다 더 높은 샤프 또는 정보 비율을 나타낸다면, 이는 A라는 자산이 동일한 위험에 대해 B보다 더 높은 수익률을 제공함을 뜻한다.

3장

어떻게 투자할 것인가

STOCKMARKET

최근 들어 특히 더 각종 방송과 유튜브, 책들을 통해 종목과 관련된 정보들이 쏟아져 나오고 있다. 3,000만 원으로 10억 원을 벌었다는 슈퍼개미는 투자에 있어 자신만의 특별한 노하우, 매매 타이밍 등에 관해 이야기한다. 이렇듯 비교적 단기간에 큰돈을 벌어들인 사례들을 들으면 들을수록, 그들의 투자 기법이나 테크닉을 배우면 내 투자에도 큰 도움이 될 것 같다는 기분이 든다.

하지만 오랜 기간 동안 내가 시장을 경험하며 깨달은 바로는 전혀 그렇지 않다. 투자는 화려한 스킬과 대단한 테크닉을 사용해야만 성공할 수 있는 것이 아니다. 물론 남들과 차별화되는 자신만의 전문화된 스킬과 테크닉이 있다면 보다 높은 수익을 내는 데 도움이 되는 부분이 분명 있을 것이다. 그러나 주식을 장기 투자의 수단, 저축의 대안

중 하나로 접근하는 입장이라면 그렇게까지 할 필요는 없다.

투자를 잘하려면 결국 투자의 기본, 즉 자신만의 투자 원칙, 주식과 시장을 바라보는 자신만의 관점, 그리고 이런저런 상황과 말에 흔들리지 않도록 자신의 마음을 단단하게 만드는 일이 가장 중요하다고 필자는 생각한다. 투자를 통해 수천억 원을 번 친구에게 그 방법을 물어본 적이 있는데, 그 친구는 화려한 테크닉을 갖거나 남들보다 특별히 뭔가를 더 많이 알고 있지도 않았다. 그 친구는 어떤 투자 아이디어가 생기면 그 내용을 굉장히 오랫동안 공부하며 깊이 생각했다고 한다. 그리고 서너 가지로 투자 포인트를 좁히는 등 가능한 한 자신의 생각을 단순화시키기 위해 노력했고, 그렇게 단순화한 논리가 설득력을 갖는다고 생각되면 실제로 투자에 나섰으며, 자기 나름으로 세운 원칙의 틀 안에서 매매를 했다고 답했다. 그 친구만의 이러한 마음가짐과 방법이 시간과 함께 누적되면서 큰 부로 이어진 것이다.

3장의 목적과 의의 또한 이와 같은 맥락이다. 투자와 관련된 테크닉을 제시하기보다는 각자 자기 나름의 투자 원칙을 세우고자 하는 독자들에게 도움이 된다면 좋겠다. 새로운 스포츠를 배울 때 사람들은 먼저 머릿속으로 기본자세를 이해한 뒤 실제로 연습해보고, 여러 시행착오를 거치면서 몸으로 익혀나가게 된다. 그것처럼 투자 역시 실전에서 부딪히고 셀프 피드백 과정을 거치면서 조금씩 성장해가는 것이 아닐까 한다. 여러분의 그러한 과정에 이 챕터의 내용들이 도움이 됐으면 하는 바람이다.

재무 설계부터 시작하자

2020년은 특히 개인투자가들에게 여러 의미에서 기록적인 한 해였다. 상투가 아닌 바닥권에서 주식을 적극 매수했고, 신규 개설된 주식 계좌의 절반 이상이 '2030 세대'의 것이었으며, 그간 가장 주목해야 했던 외국인 투자자를 제치고 개인투자자들의 움직임이 시장 참여자들의 눈길을 더 많이 끌었다는 점 등에서 과거 있었던 수차례의 주식 열풍과는 확연히 구별되었기 때문이다. 특히 유튜브 등 새로운 미디어를 통해 개인들이 투자 정보를 보다 쉽게 습득함에 따라 개인과 기관 또는 외국인 투자가와의 정보의 비대칭성이 해소되고 있다는 점도 주목할 만한 현상이다.

그러나 이런 시기에도 변하지 않는 한 가지가 있다. '누구누구는 어떠어떠한 주식에 투자해 단 몇 개월 만에 몇 배의 수익을 올렸다더라' 하는 식의 이야기가 들려온다는 점이다. 이런 말을 들으면 마음이 급해지지 않을 수 없다. 지금이라도 당장 주식에 투자하지 않으면 그나마 갖고 있는 내 자산이 저금리에 묻혀 다른 사람들의 자산들에 비해 가치가 떨어지고 녹아내릴 것만 같다. 비대면 시대에 온라인으로 주식 계좌를 개설하는 것은 쉬운 일이니, 주식투자와 아무 관련 없이 살았던 과거와는 이별하고 이번에야말로 시장에 뛰어들어야 할 듯한 조급증이 생긴다. 눈 깜짝할 사이에 증권 계좌를 개설한 뒤 보유하고 있는 현금을 이체한다. 얼마 후 스마트폰 MTS 위의 엄지손가락은 이미 매수창을 열고 있다.

이렇듯 급한 마음에 2020년과 같은 장에 운 좋게(?) 입성한 사람들은 그간 시장이 보인 매 순간의 움직임을 의연하게 버텨냈다면 특히 만족스러운 성과를 거둘 수 있었을 것이다. 사실 이런 '초심자의 운'을 경험하면서 주식시장에 입문한 사람일수록 투자에 매력을 느껴 오랫동안 투자를 해나갈 수 있다. 저금리 저성장 시대에 내 자산을 지키기 위한 주식투자는 선택이 아닌 필수가 되어가고 있는데, 달콤한 초심자의 운이 앞으로도 계속 지속된다면 더할 나위 없겠지만 이는 불가능한 일이다.

내가 원하는 집을 짓고 싶을 때는 무엇부터 해야 할까? 아마 무턱대고 땅부터 파고 들어가는 이는 없을 것이다. 나의 가용 자산을 점검하고, 현장을 조사하고, 토지를 측량하고, 내가 원하는 항목들이 정리된 각종 평면도와 입면도를 작성하는 등 일련의 준비와 수정의 과정을 거쳐야 하니 말이다. 어쩌면 첫 삽을 뜨고 실제로 건물을 올리는 기간보다 이 과정에 소요되는 시간이 더 길 수도 있다. 하지만 그렇게 꼼꼼한 준비 및 검증이 없이 며칠 만에 뚝딱 지어버린 고층 빌딩은 시한폭탄과 다를 바 없을 것이다.

투자도 마찬가지다. 먼저 나에게 맞는 재무 설계부터 시작하고, 고민하여 만족스러울 때 투자를 시작하는 것이 내 자산을 지키고 증식시키기 위한 보다 안전한 방법이다. 만약 아무런 준비 없이 투자를 시작했다면 지금이라도 스스로를 점검해보는 시간을 가져보길 권한다.

우선 투자에 사용할 수 있는 자신의 가용 자산을 파악해보자. 내게 있는 여유자금, 내가 투자에 사용할 수 있는 금액이 어느 정도인지 예측해보자는 뜻이다. 목돈을 여유자금으로 보유한 사람이라면 투자 목표를 정하고 그 돈으로 투자를 시작해볼 수 있을 테고, 사회초년생이라면 저축의 개념으로 소액이더라도 수입의 일부를 꾸준히 투자할 수 있을 것이다. 영혼을 끌어모은다는 뜻의 '영끌'과 빚을 내서 투자한다는 '빚투'로 자신의 가용 자산을 뛰어넘는 투자를 하는 이들이 있는데, 수많은 전문가들이 말하듯 빚을 내서 하는 투자는 반드시 지양해야 한다. 이런 투자를 하다가 매크로 환경의 변화나 예상치 못한 이벤트로 손실을 입으면 버틸 수 있는 힘이 없기 때문이다.

빚을 내서 투자한다는 것은 곧 주변을 돌아보며 천천히 걸어도 되는 길인데 공연히 사람을 시켜 무기를 들고 나를 쫓아오게 하는 것이나 마찬가지다. 급한 마음에 뛰면 목표 지점에 빨리 도착할 것이라 생각하기 쉽다. 하지만 투자의 세계는 쭉 뻗은 탄탄대로가 아닌 데다 어떤 지점에서 무슨 장애물이 나올지도 알 수 없기에, 잡히지 않기 위해 뛰다가 미처 예상치 못한 돌부리라도 만나면 걸려서 넘어지며 크게 다치기 십상이다. 게다가 레버리지를 이용한 투자를 하다가 넘어졌다면 낙하 지점은 땅 위가 아닌 깊은 구덩이 속일 가능성이 높다.

또 한 가지 점검해봐야 할 점은 투자의 기간이다. '생애주기 투자'라는 표현이 있다. 나의 생애주기별 현금흐름은 어느 정도 예측이 가능하니 투자의 결을 그에 맞춰야 한다는 뜻이다. 가령 20~30대와 50~60대는 반드시 위험선호도가 달라야 한다. 사회생활을 막 시작해 돈을 모아 나가는 20~30대는 50~60대에 비해 월급 등의 현금흐름을 창출할 수 있는 기간이 상대적으로 길다. 이는 투자에서 돈을 잃더라도 회복할 수 있는 시간이 충분하고, 위험선호도 측면에선 공격적인 투자가 가능함을 의미한다.

　일반 직장인의 경우 40대에 접어들면 현금흐름이 정점을 이루는 경우가 많다. 어느 정도의 자산도 생성되어 있고, 현금흐름이 좋으며, 남아 있는 소득 창출 기간 또한 비교적 여유 있는 편이라서 이 시기엔 적극적으로 자산을 불려나가는 것이 가능하다. 그에 비해 50대는 자녀의 대학 자금이나 결혼 자금 등으로 지출이 늘어나기 때문에 소비를 줄이고 자산을 늘려야 한다. 또한 투자 손실을 회복할 수 있는 기회가 다소 줄어든 시기이므로 투자의 공격성을 조금 낮출 필요가 있다. 60대 이후로는 수입이 줄어들 가능성이 높기 때문에 자산을 지키는 것이 중요하다. 안정적인 노후 자금을 확보하려면 위험선호도를 보수적으로 바꾸고, 수익률이 낮더라도 안전한 투자의 비중을 늘려야 한다. 이처럼 자신의 라이프사이클을 그려보면서 젊은 시절에는 자산 증대, 나이들어선 자산 보존에 중점을 두는 방향으로 투자 자산을 조절하는 것이 좋다.

　TDF Target Dated Fund라 불리며 생애주기에 따라 포트폴리오를 자동으로 조정해주는 펀드들이 연금 상품으로 많이 나와 있는 것도 이와 같은 맥락이다. 이 펀드들은 가입자의 은퇴 시기를 기준으로 생애주기에 따라 주식과 채권 등의 투자 자산에 할당되는 비중을 알아서 조정해주는데, 은퇴 시점이 멀수록 주식의 비중을 높게 구성하지만 은퇴가 다가올수록 주식보다는 채권에 투자하는 비중을 높이는 경우가 대부분이다. 이런 상품들을 활용하는 것도 좋지만, 생애주기에 따른 투자 계획은 사실 투자에 조금만 관심이 있는 사람이라면 어렵지 않게 스스로 해볼 수 있는 일이다. 당장 사용할 생활 자금의 조달보다 노후 대비라는 측면에서 투자해나가야 한다는 점을 고려하여 자신의 라이프사이클에 맞는 투자를 계획해볼 필요가 있다.

또한 투자를 통해 달성하고 싶은 것이 무엇인지, 즉 투자 목표를 정하는 것이 좋다. 그저 막연히 '자산을 늘리고 싶다'는 막연한 생각만으로 투자를 시작하면 수익률에만 집착하게 되고, 맑은 정신으로 투자 판단을 내려야 할 때에도 이런저런 주변의 목소리들에 휘둘려 투자 판단이 흐려지기 쉽다. 따라서 내 집 마련, 은퇴 후 생활비 마련, 자녀의 교육비 마련과 같이 분명한 목표를 처음부터 정해놓으면 투자와 관련된 판단을 내려야 하는 상황에서 그것이 나의 기준을 굳게 잡아줄 것이다. 더불어 각 금융기관의 투자 성향 테스트를 통해 자신이 안정 추구형, 적극 투자형, 공격 투자형 중 어디에 속하는지 알아두는 것도 좋겠다. 자신의 투자 성향을 알고 있어야 그에 맞는 위험도의 투자 상품을 택할 수 있기 때문이다.

이어 자신이 세운 투자 목표에 부합하는 수익률도 정해보자. "가능한 한 높은 수익률을 내는 건 모든 사람들의 목표가 아닐까요?"라 반문할 수도 있지만 그렇지 않다. 투자에서의 '높은 수익률'은 '높은 위험'과 동의어다. 앞서 말했듯 우리는 생애주기나 투자 목표, 생활 여건, 그리고 어쩌면 심리적으로 허용 가능한 손실의 정도까지도 모두 다르다. 그러므로 자신이 감당할 수 있는 위험의 범위에서 벗어나 쓰러지는 일이 없도록 목표 수익률을 정해두는 것도 필요한 일이다.

앞서 언급했듯 기관투자가들도 5년 단위로 투자 목표와 목표 수익률을 정한다. 연금의 경우를 간단하게 다시 돌아보면, 제일 중요한 목표는 실질가치를 유지하면서 거기에 약간의 투자 수익을 더하는 것이고, 설정한 목표를 달성하기 위해 연간 거둬야 하는 수익률이 가령 5%로 계산된다면 자산배분도 그에 맞춰 이루어진다. 이런 방법을 개인투자가들도 활용해볼 수 있다. 자신의 목표를 달성하려면 연 몇 퍼센트의 수익을 기대해야 하는지, 그리고 그 수익을 거두려면 어떤 대상에게 어느 정도의 비중으로 투자하는 것이 적당한지 기준을 만들어보는 것이다.

이상과 같이 투자 가능 자금을 확인하고 투자의 기간과 목표 및 목표수익률까지 정했다면 투자를 시작하기 위한 기본 설계가 완성되어간다고 할 수 있다. 이에 더해 투자 자금의 규모에 여유가 있는 사람이라면 기관투자가들처럼 자산배분까지도 해볼 수 있다.

우선 부동산을 제외한 금융 자산 중 예금, 채권, 주식 등 자신이 알고 있는 자산군을 나열해보자. 그리고 각각의 자산에서 기대되는 목표 수익률을 나름대로 정한 뒤 그에 맞춰 각 자산의 투자 비중을 설정해보는 것이다. 가령 연 7%의 수익률을 올리고 싶고, 각 자산군별로 기대하는 연간 수익률이 예금은 1%, 주식은 10%, 회사채가 3%라면 목표 수익률을 달성하기 위해 각 자산에 얼마를 투자하면 좋을지도 간단한 계산식을 통해 산출해낼 수 있다. 정확하게 정해진 비율대로 투자를 유지해야 한다거나 정해진 답이 있다고 할 순 없다. 지금과 같은 저금리 상황에서는 주식의 투자 비중에 가장 무게가 쏠릴 수도 있다. 다소 낮더라도 안정적인 수익률을 추구하는 사람이라면 채권 쪽에 무게를 더 둘 수도 있겠다. 여기서 중요한 것은 이러한 과정을 통해 장기 투자의 기준을 세우고 자신이 하는 투자의 중심을 더욱 공고히 다지는 데 있다.

개개인의 재정 상태는 모두 다르다. 여유자금 1억 원이 있어 그 자금을 다 잃더라도 생활에 지장이 없기에 높은 위험을 감수하고라도 최대의 수익률을 올리고 싶은 사람이 있을 수 있는 반면, 저금리 시대라 자산 가치의 유지가 어려워 은행 금리보다 나은 수익률 정도만을 추구하는 사람도 있을 것이다. 각자가 자신이 왜 투자를 하는지 스스로 생각해보고, 그것에 따라 허용 가능한 위험 범위를 설정해보는 것이 좋다.

높은 수익을 내는 것은 투자에서 매우 중요한 요소다. 하지만 그 못지않게 중요한 것은 자신이 감내할 수 있는 위험의 범위 안에서 수익을 지켜내는 기술이다. 아무것도 점검하지 않은 상태에서 그저 대박만을 꿈꾸며 뛰어들었다가 시장의 흐름에 휩쓸려 주식 차트만 봐도 멀미가 나는 상황은 겪지 않았으면 한다. 앞서 이야기했듯 투자는 마라톤과 같은 장기전이고, 그렇기에 자신의 마음을 다스리는 기초를 든든하게 다져놓고 각 구간에서 페이스를 잘 조절할 필요가 있다. 그 기초를 위해 재무 설계부터 시작하면서 실전 투자 전에 스스로를 점검하는 기회를 가져보자.

주식에 투자하자

그런데 주식에 꼭 투자를 해야 하는 이유는 무엇일까? 그것은 우리 모두가 주식회사 제도를 기반으로 하는 시장자본주의 시대를 살아가고 있고, 현 자본주의 체제가 유지되는 한 주식은 장기적으로 꾸준히 돈을 벌게 해줄 자산이기 때문이다.

시장자본주의의 근간이 되는 주식회사를 들여다보면 주주뿐 아니라 채권자, 직원, 고객, 그리고 정부 등의 여러 이해관계자 집단이 존재한다. 주식회사는 발생한 수익을 이 모든 이해관계자들과 나누어 갖게 되는데 그중 가장 많은 수익을 가져가는 집단이 바로 주주다. 회사의 손익계산서를 항목별로 크게 나눠 살펴보면 먼저 매출이 나오고 거기에서 인건비 및 관리비 등의 각종 비용을 제외한 영업이익이 산출된다. 여기에서 회사가 영위하는 영업 이외의 수입과 비용, 그리고 법인세와 같은 세금을 모두 제하고 나면 당기 순이익이 나오는데, 세후 순이익인 이 당기 순이익이 바로 주주가 가져가는 부분이다. 주식을 일컬어 잔여지분이라고도 하는데 이 역시 매출에서 시작해 이해관계자들과 이익을 모두 배분한 뒤의 순이익이 주주의 몫이기 때문이다. 어찌 보면 주주는 가장 마지막에 이익을 분배받기 때문에 회사가 충분한 이익을 내지 못하거나 경영 상황이 좋지 않을 경우엔 가장 큰 손해를 입는다. 반면 회사가 잘되면 주주가 가져가는 몫이 제일 큰데 이는 위험을 감수한 것에 대한 보상의 개념이 그 안에 포함되어 있기 때문이다.

그간 전 세계 경제는 굴곡이야 있었으나 꾸준히 우상향하며 성장해왔다. 2분기 연속 GDP 성장률이 마이너스를 기록하는 경우를 경기침체라 일컫는데, 전 세계적으로 경기침체가 장기적으로 이어지는 경우는 드물었다. IMF에서 연 2회 발행하는 '세계 경제전망 보고서World Economic Outlook'에 따르면 1980년 이후 40년의 역사를 돌이켜볼 때 세계 경제가 연간으로 마이너스 성장을 기록한 해는 글로벌 금융위기 이후인 2009년(-0.083%)과 코로나19 사태를 겪었던 2020년(-4.359%)[46]의 두 차례가 전부였다. 한국의 경우에도 같은 기간 동안 연간으로 역성장한 해는 석유파동을 겪었던 1980년(-1.646%)과 외환위기의 영향을 받았던 1998년(-5.129%), 그리고 최근의 코로나19 사태로 인한 2020년(-1.878%)[47] 등 세 차례에 불과하고, 그 외의 기간에 한국의 GDP는 크든 작든 꾸준하게 플러스 성장을 유지해왔다.

한편 한 나라의 주가지수는 그 나라의 경제를 반영한다. 버핏 지수 Buffett Indicator[48]는 이 둘의 밀접한 관계를 이용하여 투자 판단을 내리는 척도로 사용되기도 한다. 시장자본주의 속 주식회사들이 만들어내는 부가가치는 결국 인류가 만들어내는 부가가치와 그 방향을 같

---

46 2020년 10월에 발표된 추정치.
47 2020년 10월에 발표된 추정치.
48 GDP 대비 시가총액 비율을 나타내는 수치. 워런 버핏Warren Buffett이 이 척도를 높게 평가하면서 버핏 지수라 불리기 시작했다. 70~80% 이하로 가면 저평가된 증시, 100% 이상이면 고평가된 증시라 해석된다.

이하게 되어 있다. 주가는 단기적인 변동성이 있기 때문에 위험할 수도 있다. 하지만 시야를 장기적으로 넓혀서 바라보면 결국은 우상향하는 GDP와 그 방향성을 같이하기 때문에 위험하다고 보기 힘들다. 장기적 시각을 가지고 주식에 투자한다면 결국은 벌 수밖에 없는 것이다. 자본주의 시장경제 체제가 유지되는 한 주식회사가 창출하는 수익의 가장 많은 부분을 가지고 가는 주주의 역할을 마다할 이유가 없다는 것, 이것이 주식에 투자해야 하는 첫 번째 이유다.

약 40년 전쯤 국제 경영전략 교재에서 보았던 한 삽화가 아직도 기억에 남는다. 대머리에 안경을 쓴 한 노신사의 사후 세계를 묘사한 그림이었다. 세상을 뜬 그는 프랑스의 나폴레옹, 마케도니아의 알렉산더 대왕 같은 사람들을 만나 악수를 하며 자신을 '21세기를 주도했던 글로벌 기업의 최고경영자'라 소개한다. 21세기의 최고경영자는 역사 속 불가능을 모르고 대제국을 건설했던 역사적 위인들과 어깨를 나란히 하는 존재임을 그 삽화는 이야기하고 싶었던 것이다. 우리가 주식에 투자해야 하는 두 번째 이유는 바로 그 점과 관련이 있다.

시장자본주의 체제하에서 가장 경쟁력 있는 주체는 기업이다. 자본주의라는 시스템은 결국 자본이 중심이 되는 경제 체제이기에 이 시스템이 지속되는 동안 자본은 계속 돈을 벌어왔고, 앞으로의 승자 또한 자본이 될 확률이 높다. 결국 장기적으로 살아남는 기업들은 그들의 자본을 계속 증식하면서 수없이 교체되는 정권보다도, 또 어떤 면에서는 국가보다도 더 긴 생명력으로 살아남을 것이라 생각한다. 기업 중에서도 특히 글로벌 비즈니스를 전개하고 해당 섹터에서 살아남아 경쟁력을 보유하고 있는 기업들의 생존 능력은 특히 강하다. 시장 생태계 속에서 경쟁하며 끊임없이 변화하고 혁신하는 기업들에 투자하는 것은 곧 그들의 노력과 경쟁력에 편승하여 돈을 벌 수 있는 아주 좋은 수단이 된다. 그들이 차려놓은 밥상들을 평가하고 그중 가장 맛있고 건강해 보이는 밥상에 내 숟가락을 얹어놓기만 하면 되니 주식투자를 하지 않을 이유가 없다.

세 번째 이유는 현재 우리가 계속되는 통화 정책으로 인한 유동성과잉 시대에 살고 있다는 점이다. 금리가 너무 낮은 지금 시대엔 부동산이나 주식 말고는 대체할 만한 투자 자산을 찾기가 힘들고, 찾았다하더라도 수익을 거두기는커녕 가치를 보전하는 것 자체도 힘든 경우가 많다. 개인적인 의견이지만 삶을 위한 기본권과 연결된 부동산보다는 윤리적인 측면에서 주식에 투자하는 것이 낫지 않나 생각한다. 장기적 관점에서 자신이 가진 자산의 가치를 보전하고 추가적인 수익을 원하는 사람에게 주식만큼 좋은 투자 자산은 없다.

마지막으로 주식은 정보 접근성이 좋다. 부동산, 대체투자, 비트코인 등의 비전통적 투자 자산들은 관련 투자 정보를 주식의 경우처럼 손쉽게 접하기 어려운 것이 사실이다. 실질적으로 투자를 통해 수익을 내려면 정보의 비대칭성이 최소화되어야 한다. 엄청난 전문성으로 무장한 시장 참여자들 속에서 나만 정보가 없다면 영문도 모른 채 돈을 잃을 수 있기 때문이다. 다행히 지금은 어느 정도의 관심과 노력이 있다면 주식투자와 관련된 대부분의 정보들을 찾아볼 수 있는 시대다. 직접 찾아 나서지 않더라도 유튜브 같은 뉴미디어들이 알아서 그

때그때마다 시장의 토픽들을 들고 와서 소개해주기도 한다. 이런 면에서도 주식은 일반 개인들이 접근하기 좋은 투자 대상이 된다.

동업하는 마음으로 투자하자

앞서 '인류의 경제는 꾸준히 발전하기 때문에 주식은 장기적 관점에서 봤을 때 위험하지 않고, 결국 투자자의 돈을 불려줄 수 있는 수단'이라는 이야기를 한 바 있다. 하지만 그렇다 해서 어떤 주식이든 오래 들고 있기만 하면 수익으로 연결되는 것이 아님은 자명한 상식이다. 가령 10년 전, 또는 20년 전에 삼성전자 주식에 투자했던 사람과 한국전력 주식에 투자했던 사람은 완전히 다른 결과를 거두었을 것이다. 오랜 기간 제자리걸음이거나 가격이 떨어져 오르지 못하는 주식은 차라리 양호한 편이라 할 수 있다. 매년 상장폐지되는 주식들 중 하나에 투자했다면 아무리 오래 들고 있었다 한들 수익은커녕 큰 손실을 보게 되니 말이다.

그래서 주식의 성공 가능성을 높이려면 동업을 하는 마음으로 투자에 임해야 한다. 장기 투자를 계획하며 시장에서 종목을 골랐다면 그저 주식을 산 뒤 가격이 오르기를 기도하는 마음으로 기다리는 데 머무르면 안 된다. 장기 투자할 주식을 매수했다는 것은 내가 그 회사의 주주이자 동업자가 되기로 결심했음을 뜻한다. 만약 우리가 누군가와 실제로 동업을 하게 된다면 검토하고 따져봐야 할 사항들이 얼마나 많을지 생각해보자. 동업 상대가 누구이고 신뢰할 만한 사람인지, 대주주들은 어떻게 구성되는지, 경영진은 경영을 잘하고 있는지, 향후 그 사업의 전망은 좋은지, 경쟁구도는 어떤지 등등 수도 없이 많은 사안들을 알아봐야 함은 물론 내 투자금을 모두 잃게 될 가능성을 대비해 어느 정도의 규모로 투자를 해야 하는지 등까지 종합적으로 숙고하여 결정해야 할 것이다. 주식에 투자를 할 때에도 이런 마음가짐으로 꼼꼼하게 여러 가지를 따져보는 것이 기본적으로 옳은 방법이다.

게다가 실제로 동업을 하는 것보단 주식으로 투자하는 편이 훨씬 간편하기 때문에 그 정도의 수고는 당연한 것으로 받아들여야 하지 않을까 한다. 동업은 한 번 계약을 맺으면 내 생각과 맞지 않더라도 그것을 깨기가 보통 어려운 일이 아니다. 하지만 주식을 통한 투자는 동업 조건이 아주 좋다. 해당 기업이 원하든 원하지 않든 내가 일방적으로 선택해서 동업자가 될 수 있고, 반대로 동업 파트너로서의 매력을 더 이상 느끼지 못하거나 회사가 내가 생각하는 방향으로 가지 않을 때는 그저 투자를 철회하면 되기 때문이다.

2020년에 시작된 주식 열풍은 20~30대의 신규 참여자들이 많다는 점에서 주목을 받는다. 증권사들의 분석에 따르면 이들 세대는 장기 투자보다는 단기 매매를 위주로 투자했다는 특징이 있다. 일각에서는 젊은 세대들이 게임하듯 주식을 한다느니, 장이 끝나는 오후 3시 30분을 제일 싫어한다느니 하는 농담 섞인 말들을 던지기도 한다. 물론 이런 말들이 모든 젊은 세대 투자자들에게 해당되는 것은 아니지만, 2020년에 주식투자에 입문한 이들은 소위 '버는 장'을 경험했기 때문에 주식이 위험할 수 있다는 생각을 경험적으로 하지 못할 수 있다.

또한 이들은 시장에서 계속 뜨는 테마주와 관련된 이야기, 혹은 사설 정보 업체들이 매일같이 제공하는 투자 관련 정보들이 이루는 홍수 속에서 다소 흥분한 가운데 소위 단타 매매를 했을 가능성이 높다. 하지만 이런 특징을 보이는 투자자들의 연간 수익률은 주식을 매수한 뒤 가만히 있었던 경우보다 대부분 좋지 않았을 것으로 추정된다. 실제로 몇몇 증권사들이 고객들을 대상으로 2020년 한 해의 연령대별 수익률을 조사한 자료를 보면 20대가 회전율은 가장 높은[49] 반면 수익률은 가장 낮았다고 하니, 장 시간 내내 차트와 씨름하며 했던 잦은 매매에 대한 보상이 그리 크지 않았음을 알 수 있다.

새로운 운동을 접할 때 처음 배우고 익힌 자세는 향후의 꾸준한 실력에 결정적 역할을 한다. 골프나 테니스도 초기 단계에서 재미를 위주로 즐길 뿐 바르지 않은 자세를 굳히다 보면 나중에 아무리 많은 시간을 투자해도 실력이 늘지 않는다. 주식도 이와 다를 것이 없으니, 처음 시작할 때 제대로 된 자세를 익힌 다음 이후의 투자를 해나가는 것이 좋겠다.

---

49 회전율이 높다는 것은 매수/매도의 빈도가 잦다는 것을 뜻한다.

어떤 주식을 살 것인가?

자, 그렇다면 어떤 주식을 사야 할까? 이것이 많은 투자자들에게 있어 가장 궁금하고 가장 중요한 이슈일 것이다. 코로나19 사태 이후 찾아온 2020년의 강세장은 오랜 기간 시장에 참여하며 전통적인 밸류에이션에 익숙해진 사람들에게 유독 당황스럽고 이해하기 힘든 현상이었다. 전통적인 밸류에이션이란 PER과 PBR로 대표되는 주식의 수익가치 및 자산가치를 지칭한다. 코로나19 이후 주도주였던 BBIG[50]의 가파른 상승은 이런 가치평가 기준에선 쉽게 납득되지 않았다. 많은 사람들은 이렇게 전통적인 멀티플로 설명하기 힘든 시장 상황이 코로나19 이후 새롭게 형성된 분위기라고 여기고 있으나 사실 이런 현상은 과거에도 간혹 있었다. 특히 2008년 금융위기 이후 저금리 체제가 공고해지면서, 전통적인 수익가치와 자산가치보다는 성장가치가 주식을 평가하는 기준의 선두로 올라섰다. 저금리 저성장 국면에서 성장성을 보이는 기업은 희소성을 갖기 때문에 시장이 유독 그런 기업들의 가치를 더 높게 쳐준 것이다. 그러한 과거의 움직임들을 돌아보면 어떤 주식을 사야 하는지에 대한 몇 가지 결론도 얻을 수 있다.

가장 먼저 '현 시대의 사람들에게 편리함과 유용성을 제공하겠다는 시대정신이 반영되어 있는 기업의 주식'을 사야 한다는 점을 떠올

---

50 2020년 코로나19 창궐 이후 증시의 주도주로 떠오른 바이오, 배터리, 인터넷, 게임 업종을 지칭함.

릴 수 있고, 혁신적 기업의 주식이라면 더 많은 가치가 부여된다. 주식 전문가가 아니더라도 일상생활에서의 변화를 주의 깊게 관찰하다 보면 우리 모두가 이런 기업을 발견해 그 주식을 살 수 있다.

지난 10여 년 동안 있었던 가장 큰 변화는 역시 스마트폰으로, 인류의 생활은 스마트폰이 등장하기 이전과 이후로 나뉘었다. 스마트폰이 가져온 일상의 편리함은 인간의 소비 패턴과 여가 시간 및 모든 생활 습관을 바꾸고 산업의 구조 또한 그에 맞게 변화시켰다. 마트나 시장에 직접 가서 장을 보던 일상, 은행을 방문하여 해결해야 했던 많은 업무, 여행 가방에 필수적으로 들어가야 했던 사진기와 지도, 들고 다니며 음악을 듣게 해주던 MP3 플레이어, 업무적으로 주고받던 메일, 그리고 게임 및 신용카드까지 모두 내 손안의 스마트폰을 이용하여 해결하거나 대체할 수 있게 되었다. 그러니 애플이나 삼성전자 등 스마트폰과 관련된 기업들의 주식이 그동안 가파른 상승세를 보여온 것은 당연한 결과다. 아마존, 구글, 페이스북, 넷플릭스, 유튜브 등의 플랫폼 기업들이 많은 수익을 내며 튼튼하게 성장할 수 있었던 것 역시 스마트폰이 없었다면 불가능했을 일이다. 이렇듯 보통 사람들의 삶에 새로운 변화를 가져다주는 시대정신을 품은 기업들에 관심을 갖고 관련 주식에 투자한다면 장기적으로 좋은 수익을 낼 수 있다.

최근 많이 거론되는 전기차 밸류 체인도 마찬가지다. 테슬라로 대표되는 전기차 관련 기업들의 주가 상승은 이동 수단으로서의 혁신적인 자동차에 가치를 부여해서 나타난 현상이 아니다. 시장은 지금을 사는 우리 및 미래를 살아갈 세대의 생존과 직결된 '환경'이라는 근본적인 가치 안에서 테슬라가 갖는 가능성을 높게 평가, 주가에 반영한다. 인류가 나아가야 할 방향, 즉 시대정신의 선두에 있던 테슬라가 존폐의 위기에서 벗어나 2019년 3분기부터 5분기 연속 흑자를 달성하며 비즈니스 모델의 유효성을 가시화하자 시장은 그에 반응했다. PER은 1,600배[51]를 넘겼고, 시가총액은 글로벌 자동차 기업 5개사(도요타Toyota, GM, 포드, 폭스바겐Volkswagen, BMW)를 합친 것보다 커졌다. 물론 테슬라의 주가가 지나치게 높다는 주장에도 나름 일리가 있고, 이런 과도한 밸류에이션이 시장에서 정당화될 수 있는지와 관련해서는 향후의 행보를 계속 관심 있게 지켜볼 필요가 있다. 테슬라의 향후 경영 활동 결과가 시장의 기대에 부합하지 못한다면 그동안 급등한 주가는 조정을 받을 것이다. 하지만 시장은 인류가 가고자 하는 큰 방향의 선두에 테슬라가 서 있다는 사실을 기반으로 그 기업의 가치를 주가에 반영한 것이다.

두 번째로 생각할 수 있는 것은 '글로벌 확장성이 있는 업종 대표 주식'을 사야 한다는 점이다. 일반인들이 접근하기에 가장 좋은 것은 업종 대표 주식들인데, 배달 앱으로 음식을 배달시켜본 사람이라면 무슨 뜻인지 쉽게 이해할 수 있을 것이다. 기존에 내가 다니던 단골집이 배달 플랫폼에 올라온 경우를 제외하면, 대개의 사람들은 주문을 할 때 음식의 종류를 고른 뒤 앱에 나열된 식당들의 순위를 먼저 체크한다. 해당 음식점에서 내가 주문하고자 하는 음식을 그간 얼마나 많

---

51 2021년 1월 기준, 12개월 후행 PER.

은 사람들이 시켰고, 먹고 난 후의 평점은 어떤지 등을 확인함으로써
실제로 그곳을 방문하여 먹어보지 못하는 데 따르는 실패의 확률을
최소화하려는 것이다. 이렇게 사람들이 주문 횟수 및 평점을 기준으
로 판단을 하게 되면 시간이 갈수록 힘의 중심은 순위가 높은 식당으
로 쏠리게 된다. 즉, 누적 주문 건수가 가장 많은 음식점 중 평점이 높
은 곳이 이후의 주문들을 점점 독식하게 된다는 뜻이다.

　이는 산업 내의 기업들 사이에서도 마찬가지로 확인할 수 있다. 반
도체와 스마트폰 분야만 하더라도 과거엔 많은 업체들이 있었으나 지
금은 그중 차별화된 제품이나 서비스로 경쟁에서 살아남은 삼성전자,
애플, SK하이닉스와 마이크론Micron 같은 기업들로 그 범위가 좁혀졌
다. 이렇게 업종 대표 기업이 된 회사들에는 많은 자본과 훌륭한 인재
들이 몰리기 마련이다. 시장에서 살아남기 위해 끊임없이 노력하는
업종 대표 기업들에 자본과 인재가 집중되는 선순환 구조가 만들어
진다면 그 회사들의 주식은 장기적으로 봤을 때 가장 좋은 주식이 될
가능성이 높다.

　한 가지 덧붙이자면, 업종 대표 기업이 갖고 있는 글로벌 확장성도
투자 시의 매력 포인트가 된다. 만약 삼성전자가 대한민국에서만 사업
을 영위했다면 지금의 시가총액에 이르지 못했을 것이다. 넓은 세계
시장을 무대로 비즈니스를 전개해서 향후에도 계속 성장할 가능성이
있는 업종 대표 기업의 주식에 투자한다면 그만큼 성공 확률도 높아
질 것이다.

　세 번째로는 '가치 있는 성장주'에 투자해야 한다는 점을 들 수 있

다. 일반적 정의에 따르면 성장주란 현재의 가치는 낮지만 미래의 수익이 클 것으로 기대되어 높은 가격에 거래되는 주식이고, 가치주란 기업의 실적 등에 비해 현재의 가치가 저평가되어 낮은 가격에 거래되는 주식을 말한다. 종종 들려오는 '이젠 성장주의 인기가 많아졌다' 혹은 '지금은 성장주가 주춤하는 대신 가치주가 부상하는 시기다' 같은 이야기에서와 같이, 가치주와 성장주는 지금껏 교집합 없이 서로 상반되는 개념처럼 이분법적으로 나뉘어 논쟁의 대상이 된 경우가 많다. 이를 반영하듯 시중의 펀드나 ETF 상품들 역시 가치주 펀드, 성장 모멘텀 ETF 등으로 나뉘어 있다.

하지만 이런 이분법적 구분은 큰 의미가 없다는 것이 필자의 생각이다. 한 기업의 가치는 어떤 기준에서 바라보느냐에 따라 여러 가지가 될 수 있다. 가치주의 정의가 말하는 것처럼 전통적인 PER이나 PBR이 가치의 척도가 될 수 있는가 하면 한 기업의 순자산가치가 될수도, 벌어들이는 수익이 될 수도, 시대정신에 부합하는 비전이 될 수도, 꾸준한 성장성이 될 수도 있다. 내가 어디에 가치를 부여하는 지에 따라 가치의 기준은 얼마든지 바뀔 수 있는 것이다.

전통적인 정의에 의해 가치주와 성장주를 구분하다 보면 함정에 빠질 가능성도 있다. 아무리 가격이 낮은 가치주라 해도 앞으로의 성장가능성이 없다면 그 회사는 시간이 지날수록 쇠퇴하고 심지어는 망할 수도 있다. 주가는 늘 미래를 반영하고 있는 것이기에 '현재의 실적에 비해 저평가되어 있다'는 단편적인 이유로 투자하는 것엔 무리가 있다. 성장주의 경우도 마찬가지다. 현재의 상황에 비추어 미래를 어느 정도 가늠해볼 수야 있지만 정확한 미래는 그 누구도 알지 못한다. 대표적으로 바이오 기업들처럼 그럴듯한 스토리텔링과 핑크빛 전망을 갖고 있다 해도 글로벌 임상 시험에서 성공하지 못하는 등의 일이 발생하면 주가가 10분의 1 수준으로 주저앉는 것은 순식간이다. 아무리 미래의 가능성을 보고 성장주를 따라간다 할지라도 해당 회사의 가치는 늘 체크해봐야 할 중요 요소다. 결국 가치주와 성장주를 구분 짓기보다는 '가치가 있는 성장주'를 찾는 것이 답인 것이다.

네 번째로, 관련 정보 면에서 남들보다 내가 우위에 있는 산업 또는 회사가 있다면 그 또한 좋은 투자처가 된다는 점에도 주목해볼 수 있다. 가령 화학 산업에 종사하는 사람이라면 그 산업과 관련 없는 이들에 비해 분명 많은 정보를 접하기 마련이다. 화학 제품들의 가격 사이클이 현재 어떤 변화를 보이는지, 전후방 산업에서 어느 회사가 경쟁력이 있는지, 현재의 비즈니스 밸류 체인에서 봤을 때 어느 회사가 가장 돈을 잘 벌고 있는지 등 일반인들에겐 없는 지식과 경험이 알게 모르게 많이 쌓여왔을 것이란 의미다. 따라서 정보 면에서 일반 투자자들과 차별화되는 이런 우위성을 시장 또는 투자와 연결해보면 자산을 불릴 좋은 기회를 포착할 수 있을 것이다.

마지막으로, 일상생활의 변화를 느끼고 잘 관찰해도 좋은 투자 아이디어를 얻을 수 있다. 꼭 새로운 시대를 열어줄 파괴적 혁신에 관한 변화가 아니어도 좋다. 워런 버핏은 평생 코카콜라를 즐겨 마시며 30년이 넘는 세월 동안 코카콜라 주식을 대량 보유해오고 있다. 버핏처럼 만약 출근할 때나 점심시간마다 습관처럼 스타벅스를 찾아가

커피를 마시는 사람이라면 스타벅스에 투자할 수도 있다. 예전엔 여러 대형마트를 번갈아 다니며 장을 봤지만 코로나19 이후엔 이마트의 '쓱 배송'을 이용하여 장을 보고 있다면 이마트에 투자해볼 수도 있다. 단기간에 높은 수익률을 보장해주진 않겠지만 이렇듯 일상생활에서의 패턴이나 변화를 자세히 관찰하고 깊이 생각한 뒤 투자로 연결한다면 그것이야말로 굉장히 좋은 주식 발굴 프로세스가 될 것이다.

주식은 언제 사야 할까?

흔히들 '향후 10년이나 20년을 내다보는 장기 투자를 계획하고 있다면 시장에 진입하는 타이밍에는 신경 쓰지 않아도 된다'고 이야기하지만, 사실 돈을 벌고 싶어 시장에 들어온 사람의 마음은 그리 태평하기가 쉽지 않다. 물론 저축의 개념으로 분할 매수하는 사람이라면 매수 타이밍에 그리 큰 에너지를 집중하지 않아도 된다. 시장을 예측하기란 어려운 일이기에 진입 타이밍을 고민하는 대신 꾸준히 분할 매수를 한다면 주가가 높을 때든 낮을 때든 살 수 있으니 장기적으론 제일 좋은 매수 방법이 될 수 있다. 보다 나은 환경에서 보다 풍요롭게 살기를 원하는 욕망이 인간에게 존재하는 한 경제는 지속적으로 성장하고, 주가는 등락을 거듭하면서도 장기적으로 우상향한다는 가정이 가능하기 때문이다.

그러나 각기 다른 투자 패턴과 목적으로 시장에 참여하는 모든 투자자에게 있어 꾸준한 분할 매수만이 정답이라고는 할 수 없다. 누구든 쌀 때 사서 비쌀 때 팔고 싶다는 기본적인 기대를 마음속에 품고 '사자' 주문 버튼을 누른다. '좋은 시기에 사서 적절한 시점에 파는 것'은 '좋은 주식을 고르는 것'만큼이나 투자 전략에서 중요한 축임을 생각해보면, 타이밍이란 요소를 깡그리 무시하는 것이 능사는 아님을 알 수 있다.

　주식투자를 하면서 매매 타이밍과 관련하여 최소한 꼭 한 번은 경험하는 일들이 있다. 오랜 시간 매수 기회를 엿보다 마침내 주식을 샀는데 이상하게도 그 시점부터 주가가 내려앉기 시작하는 현상, 또 손실이 발생해 의도치 않게 오랜 기간 동안 장기 투자 중이었던 종목을 큰맘 먹고 본전 근처에서 팔고 나면 신기하게도 주가가 그때부터 상승하는 현상이 그것이다. 오죽하면 '매수는 기술, 매도는 예술'이라는 얘기가 있을까. 이렇게 나와 주가가 반대로 주가가 움직이는 보편적 현상의 기저에는 인간의 본성이 자리잡고 있다는 생각이 든다.

　특정 기업의 주가는 보통 합리적 기대Rational Expectation에 의해 형성된다. 여기서 합리적이라는 것은 주식의 가격이 현재나 과거의 상황이 아닌, 미래에 이루어질 가능성이 높은 여러 조건들에 의해 결정됨을 뜻한다. 과거의 변수는 이미 주가에 녹아들어가 있고, 앞으로의 주가는 새로운 변수들에 의해 결정된다. 문제는 사람들의 의식이 순응적 기대Adaptive Expectation에 더 익숙하다는 데 있다. 과거의 경험에 적응된 사람들은 '예전엔 이랬으니 향후에도 이럴 것'이란 사고를 기반으로 행동하고 매매 결정을 내린다. 즉, '주식의 가격을 결정하는 합리적 기대의 시간대'와 '사람들이 매매 타이밍을 정하는 데 영향을 주는 순응적 기대' 사이에 벌어진 시간의 격차로 인해 '내가 사기만 하면 주가가 빠지는 현상'이 나타나는 것이다.

일례로 2020년 셀트리온의 주식은 등락을 보이기는 했으나 3월 저점 기준 대비 164%의 높은 상승률을 기록하며 한 해를 마감했다. 셀트리온의 주가를 끌어올린 결정적 요인은 단연 코로나19 항체 치료제 개발에 대한 시장의 기대였다. 시장의 기대에 부응하듯 2021년 1월 중순 셀트리온은 긍정적 임상 2상 결과를 세상에 공개했는데, 정작 결과를 기다리던 주가는 발표 직후 사흘간 큰 폭(-17.7%)으로 하락하는 모습을 보였다. 코로나19 환자 치료제로 사용할 수 있는 마땅한 대안이 없었기 때문에 신속 심사 프로그램이 가동되고 있었다. 정황상 3상 임상시험 진행을 조건으로 한 식약처의 허가가 나올 수 있는 여건이었음에도 주가가 하락한 것이다.

셀트리온 주가의 움직임은 다음과 같은 원리로 생각할 수 있다. 주가는 어떤 독립변수의 움직임에 의해 영향을 받는 종속변수와도 같다. '셀트리온이 개발하는 항체 치료제가 사람들에게 도움이 될 것'이란 시장의 기대는 독립변수로서 이미 셀트리온의 주가에 반영된 상태였다. 그런 상황에서 셀트리온의 임상 2상 결과가 발표되자 시장은 그 이후에 중요해질 새로운 독립변수를 탐색하다가 '셀트리온은 과연 자신들이 개발한 치료제로 많은 이익을 거둘 것인가'의 여부에 관심을 가졌다. 그 결과 환자 수가 많지 않아 상업적 매력이 크지 않다는 점, 그리고 항체 치료제를 원가에 공급하겠다고 꾸준하게 선언해온 서정진 회장의 말을 종합해 '사업의 수익성이 크지 않을 것'이라는 빠른

셀트리온의 주가 추이

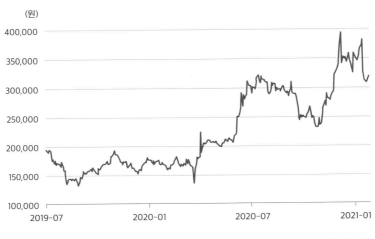

출처: 한국거래소

판단을 내린 뒤 그간 밸류에이션에 과도하게 반영되었던 부분을 되돌리는 과정을 거친 것이다.

이렇듯 주가는 과거의 정보가 아니라 현재 내가 예측하는 미래의 정보에 의해 움직인다. 달을 가리키는 손가락 끝이 아니라 구름 속에 반쯤 가려진 달 자체를 볼 수 있는 통찰력이 투자에 필요한 이유다.

그렇다면 언제가 주식을 매수하기에 가장 적당한 시점일까? 사실 매수 시작 시점은 자신이 나름의 조사와 분석을 거쳐 주식을 사겠다고 마음먹은 그때라는 게 필자의 생각이다. 주식을 사지 않으면 투자를 시작할 수 없다. 시장이라는 판에 일단 발을 들여놓아야 주주가 되고, 그렇게 되어야 시장과 소통하면서 더 많은 것을 배우고 느낄 수 있다. 단, 처음 생각한 물량의 주식 모두를 한 번에 몰아서 사는 것은 바람직하지 않다. 그렇기에 가능하면 먼저 분할 매수로 시장과의 연결고리를 만들어놓은 다음, 시장과 함께 호흡하며 주식투자의 세계를 알아가는 과정을 거친 뒤 추가적으로 생각하여 투자 판단을 내리는 것을 추천한다.

그런데 만약 A라는 특정 주식을 염두에 두고 있는 상황이라면 어떨까? 이 경우의 좋은 매수 시점은 A 주식을 더 이상 나빠지게 할 요인은 없다는 판단이 설 때라 할 수 있다. '동트기 전이 가장 어둡다'라는 말처럼, 지금의 상황은 좋지 않으나 앞으로 더 나빠질 개연성보단 좋아질 수 있는 가능성이 더 클 때, 바로 그때가 가장 좋은 수익을 낼 수 있는 시점이다. 그럼에도 대부분의 사람들이 이 시기에 주식을 사지 못하는 것은 두려움 때문이다. 가장 어두운 상황에서 손을 뻗는 데는 현실적인 두려움이 뒤따른다. 그러나 우리는 여기에서도 현실이 아닌 미래를, 손가락이 아닌 달을 봐야 한다.

시장은 합리적 기대를 바탕으로 움직인다는 점을 보여주는 최근의 예로 삼성전자 또는 SK하이닉스와 같은 반도체 주식을 들 수 있다. 2018년 4분기에 반도체 기업들은 최악의 실적을 기록했고, 애플과 같은 글로벌 IT 기업들의 실적 악화가 연쇄적으로 발표되자 우려의 목소리가 업계 전반을 뒤덮었다.

당시 삼성전자 실적 감소의 원인으로 지목된 것은 메모리 반도체의 가격 하락, 그리고 최대 스마트폰 시장인 중국의 경기둔화에 따른 모바일 사업 부문의 부진이었다. 그러나 삼성전자의 주가는 2019년 1월, 전년도 4분기 실적 발표를 기점으로 바닥을 찍은 뒤 상승하기 시작했다. 이와 비슷한 상황은 2020년에도 전개되었다. 2020년 4분기 반도체 가격 하락 탓에 좋지 않았던 2020년 4분기 실적을 뒤로하고 11월부터는 주가가 가파른 상승세를 보이기 시작한 것이다. 시장은 과거의 반도체 고정거래 가격Contract Price[52]이 반영된 해당 분기의 부진한 실적보다는 계속해서 상승하고 있는 반도체 현물 가격Spot Price[53]을 주목했고, 2021년의 실적 개선을 기대하며 삼성전자의 주가를 밀어올려주었다.

코로나19 발생 이후 항공주 또는 여행주들도 이와 동일한 맥락의 움직임을 보인다. 팬데믹으로 전 세계 모든 하늘길이 막혀버린 최악의 상황에서도 항공사나 여행사의 주가는 부정적 사건이 발생한 시점, 즉 코로나19 사태가 터진 2020년 초를 바닥으로 잡고 2021년 중반 현재까지 전체적으로 우상향하는 그림을 그려왔다.

이렇듯 주가는 지금 드러나는 현상에서 늘 한 단계 더 들어가 미래가 어떠할지를 보고 움직이며, 앞으로 더 나빠지진 않을 것 같다고 여겨지는 시점은 곧 주가가 바닥을 다지는 시기일 확률이 높다. 과거의 실적에 연연하며 두려워하지 않고 가장 어두울 때 손을 뻗는 합리성을 발휘하는 투자자라면 좋은 수익을 거둘 수 있을 것이다.

그런 관점에 따라 실제로 더 이상 나빠질 것이 없을 때 주식을 매수했다면 한 가지 염두에 두어야 할 점이 있다. 저점을 형성한 주가는 특

---

52 반도체 제조업체가 대형 고객사에 제품을 납품할 때 적용하는 가격.
53 소비자 혹은 작은 기업들이 온라인에서 구매할 수 있는 상품의 가격.

삼성전자와 SK하이닉스의 주가 추이

출처: 한국거래소

대한항공과 하나투어의 주가 추이

출처: 한국거래소

별한 계기가 있다면 V자 반등을 시도할 수 있지만, 대개는 개선이 가시화되기 전까지 등락을 거듭하며 바닥을 다지는 과정을 거치게 된다. 따라서 이 시기에 주식에 발을 들였다면 오랜 기다림을 견뎌내야 할 가능성이 있다. 테슬라의 예는 이를 아주 극적으로 보여주고 있다.

전기차의 대중화라는 비전을 품고 등장한 테슬라는 2003년에 설립된 이후 2019년 2분기까지 한 번도 연간 기준 영업이익을 내지 못하고 있었다. 테슬라가 제시하는 전기차는 시대정신에 부합하며 혁신적인 새로운 트렌드임이 분명했지만, 이렇듯 오랜 기간 동안 끊임없는 생산 차질 및 그에 따른 누적적자가 커지면서 회사의 존속 자체에 대한 의문이 일기 시작했고, 그에 따라 주가 역시 오랜 기간 눌린 채 투자자들의 애를 태우고 있었다. 그러나 테슬라가 2019년 3분기에 이어 그다음 분기에도 흑자를 시현하자 주가는 그간의 모든 짐을 털어내고

테슬라의 주가 추이

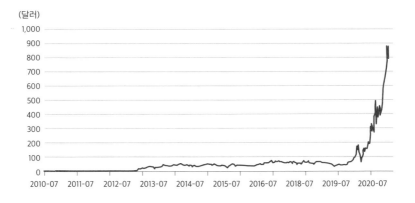

출처: 나스닥

튀어 오르기 시작했다. 비즈니스 모델의 유효함이 가시화되는 기미가 보이자마자 시장은 의구심을 버리고 본격적으로 달려들기 시작한 것이다. 이렇듯 관심 있는 기업의 변화를 민감하게 알아채고 따라갈 수 있다면 가장 좋은 매수 시점은 가장 어두울 때, 특히 '이제는 턴어라운드가 가능하다'는 기미가 보일 때다.

그런데 똑똑한 사람들이 자주 범하는 한 가지 실수가 있다. 어둠의 시기일 때 자신만의 합리적인 분석과 기대를 가지고 시장에 너무 일찍 진입하는 것이 그것이다. 주가라는 것은 결국 매수를 하고자 하는 주체가 다수일 때 상승한다. 아무리 논리적이고 옳은 방향이라 해도 오로지 자기 자신, 혹은 소수의 사람들만이 그렇게 생각하고 있다면 주가가 그 방향으로 움직이는 일은 없다는 뜻이다. 그렇기에 시장에 지나치게 일찍 진입한 탓에 너무나 오래 기다리다 지쳐버린 투자자는 결국 주가가 본전 또는 약간의 수익 구간에 들어서면 주식을 처분해버리곤 한다. 하지만 이런 투자자들이 만족스러운 수익을 거두려면 자신과 같은 생각을 하는 사람들이 시장에 늘어나기까지의 기간을 묵묵히 견뎌내야만 한다.

참고로, 주식이 상승 추세에 있을 때에는 투자자들의 심리가 작용하면서 세 번에 걸쳐서 주가가 오르는 경향이 있다. 첫 번째 상승이 나타나는 구간은 '아직 확인되진 않았으나 해당 기업이 무언가 좋아질 것 같은 분위기가 형성될 때'다. 이때 한 번 오른 주가는 상승 분위기가 확인될 때까지 일정 기간 등락을 거듭하게 된다. 이후 초반의 상승을 주도했던 요인이 확인되지 않으면 다시 하락하지만 그와 반대로 실적 등을 통해 확인이 되면 본격적인 상승 국면에 들어선다. 실적을 수반하면서 올라가는 이 두 번째 국면에서 가장 큰 폭의 상승세가 나타나는 것이 일반적이다. 이어 세 번째로 주가가 상승하는 시기는 확신에 찬 모든 이들이 몰리는 시기로 '발산 국면'이라고도 하는데, 투자전문가들은 이 시기에 해당 주식을 팔기 시작한다.

　두 번째 국면에서 상승세가 가장 강하다는 점은 LG화학 주가의 움직임을 통해서도 확인 가능하다. 다음 그래프에서 볼 수 있듯, 전기차 배터리 부문에 대한 기대로 LG화학은 코로나19로 인한 3월의 하락분을 2020년 중반부터 만회하고 상승을 이어갔다. 배터리 사업 부문의 분할과 관련한 몇몇 잡음이 있긴 했으나, 7월 말 2분기 실적이 발표되고 배터리 사업 부문의 흑자전환이 확인되면서 주식 가치가 높아지

LG화학의 주가 추이

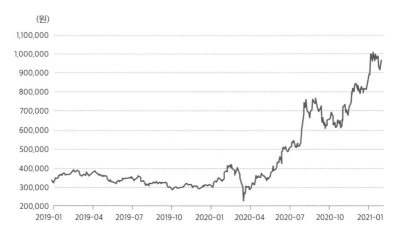

출처: 한국거래소

자 그때부터 주가는 약 6개월의 기간 동안 두 배가량 상승하는 모습을 보였다.

오랫동안 기다릴 수 있는 투자자, 혹은 여러 개인적 이유로 큰 흐름을 제외한 시기별 시장 변화를 따라가기 힘든 투자자라면 가장 어두운 시기에 투자하는 것이 맞는 방향일 수 있다. 하지만 주식시장으로 들어오는 일반 투자자들의 기본적인 투자심리를 고려했을 때, 또 다른 적절한 매수 시기는 동쪽 하늘이 아주 어슴푸레하게나마 밝아오기 시작할 때다. 특히 해당 기업의 실적이 한 번 확인된 뒤 주가가 가장 큰 폭으로 상승하는 두 번째 국면이 일반투자자들에게는 가장 접근성이 좋은 시기가 아닐까 생각한다.

주식은 언제 팔아야 할까?

그렇다면 이미 매수해서 보유하고 있던 주식은 언제 파는 것이 좋을까? '주식은 좌절 속에서 자라나 회의 속에서 피어나고, 모든 사람의 열광 속에서 진다'란 말이 있다. 모든 변수가 '좋아지는 쪽'을 가리키고 있어 해당 주식이 더 이상 좋아질 수 없을 때, 그리고 모두가 그 사실을 자명하게 인지하고 그에 동의하고 있을 때, 바로 그때가 주식을 팔아야 할 시점이다. 주식은 매수하고자 하는 세력이 있어야 상승한다. 하지만 '이 주식이 좋다'는 사실이 누구나 다 아는 자명한 진실이 되어 있다는 것은 해당 주식을 사려던 모든 이들이 이미 그렇게 했다는 뜻이자, 이제는 더 이상 살 사람이 없다는 뜻이다. 더 이상 기대할 게 없을 정도로 상황이 좋은 때가 주식에겐 곧 성장주로서의 매력을 잃어버리는 때이기 때문에 팔아야 할 타이밍이 되는 것이다.

　주가 형성의 출발선을 제공하는 것은 기업의 펀더멘털이다. 하지만 한 회사의 주가는 자산가치나 수익성 같은 펀더멘털 요소들에 의해서만 움직이는 게 아니다. 만약 그렇다면 그저 수학 문제를 푸는 것과 같은 기술적 역량만으로도 충분히 주식투자를 할 수 있을 것이다. 그러나 시장은 펀더멘털 요소들에 더해 수많은 참여자들의 심리와 행동이 한데 얽힌 장소다. 한 회사의 가치는 하루를 단위로 변하지 않는다. 그러나 그 회사의 주가 또는 PER과 같은 멀티플은 수시로 변화하는 사람들의 기대심리를 반영하기 때문에 어느 날엔 열 배였다가 다른 날엔 열다섯 배가 되기도 한다. 기대심리를 반영하는 주가는 해당 기업의 펀더멘털 영역에서 벗어나 생각했던 것보다 더 많이 오버슈팅하기도 한다. 따라서 주식의 가격을 보면서 매매 타이밍을 잡기란 결코 쉬운 일이 아니다.

　주가를 형성하는 기본적인 요인이 무엇인지 다시금 생각해본 다음 해당 기업의 펀더멘털을 매도 시점 결정의 기준점으로 삼아야 하는 이유가 이것이다. 기업가치의 측면에서 매수의 근거가 되었던 요인이 모두 실현되었거나, 해당 기업과 관련된 제반 사항들을 좋게 이끌어갈 요인이 더 이상 보이지 않을 때는 보유 주식을 팔아야 한다. 반대로 시장 진입 당시 내가 생각했던 긍정적 요소들이 진행되지 않고 있다면 한번 점검을 해보는 시간이 필요하다. 결과적으로 실현되지 않을 것임이 확인된다면, 내 예상이 틀렸을 가능성이 있으니 그때 팔아야 할 수도 있다.

또 내가 갖고 있는 A라는 주식에 비해 B주식이 더 매력적이라면 A를 매도하고 B로 교체할 수도 있다. 주식투자에 있어 가장 중요한 덕목 중 하나는 유연성이다. 누구나 주식을 살 때 자신만의 원칙 또는 논리를 만드는데, 그것이 틀렸음을 인정하는 자기부정의 과정은 사실 쉽지 않다. 하지만 최소한 주식투자를 할 때에는 나의 논리를 점검해보고, 틀렸다는 생각이 들 때는 그것을 과감하게 버릴 수 있어야 한다. '주가는 주가에게 물어봐라'라는 말이 있다. 현재의 가격은 세상의 모든 정보, 그리고 나를 포함한 전 세계 투자자들의 심리를 모두 반영하고 있는 최종 결과물이다. 내가 세운 나름의 탄탄한 논리와 반대 방향으로 시장이 움직이고 있는데도 고집스럽게 내 논리만 움켜쥐고 있는 것은 독으로 작용하는 경우가 많다. 시장이라는 집단 지성은 시간이 지나고 나면 모두 설명이 되는 이유로 인해 움직인다. 그렇기에 '내가 모르는 이유가 있을 수 있다'는 전제하에 자신이 갖는 논리에 허점은 없는지 체크해보고, 필요할 땐 과감히 자기부정을 하는 것도 좋은 투자자의 능력 중 하나다.

마지막으로 시장이나 주식의 상황과 상관없이 개인적으로 매도 시점을 정할 수도 있다. 자신만의 목표수익률을 미리 정해둔 뒤 그에 도달하면 이익 실현을 위해 매도하는 것이다. 물론 매도 이후 해당 주식의 주가가 더 오를 수도 있지만, '나는 내 목표수익률을 달성하는 데 성공했다'는 사실에 스스로 만족하면 된다.

투자 시작 이전에 위험관리 원칙부터 세우자

수익률과 위험은 동전의 양면이다. 높은 수익률은 높은 위험을, 낮은 수익률은 낮은 위험을 수반한다. 따라서 막연하게 높은 수익률에 대한 기대만을 안고 투자에 들어서는 것은 매우 위험한 일이 될 수 있다. 또 어느 정도 위험을 관리하겠다는 마음을 먹고 투자에 임했다 하더라도 '위험관리'와 '투자'라는 서로 상충되는 개념을 동시에 실행한다는 것은 실질적으로 굉장히 어려운 일이다. 그런 이유로 기관투자가들의 경우엔 투자 운용 담당 부서와 위험관리 부서를 독립적으로 둔다. 체크 앤드 밸런스Check & Balance를 통해 위험관리를 효율적으로 실행하기 위함이다.

그러나 기관과 달리 개인은 투자와 위험관리라는 서로 모순되고 상충적인 행위를 자기 안에서 동시에 수행해야 한다. 그렇기 때문에 본격적으로 투자를 시작하기 전에 위험 및 위험관리에 대한 정의와 원칙을 스스로 세워둘 필요가 있다. 이런 원칙들은 곧 시장의 소용돌이 속에서도 흔들리지 않게 자신을 굳건히 잡아줄 장치들이 되어줄 것이기 때문이다. 미처 예상하지 못했던 위험, 또는 개인적 허용 한도를 넘어서는 과도한 위험을 지게 되어 투자에 실패할 뿐 아니라 자신의 인생까지 위험에 빠뜨려서는 안 된다.

그렇다면 주식투자에서의 '위험'이란 무엇일까? 흔히들 불확실성 Uncertainty을 일컬어 리스크 요인이라 이야기하지만 사실 이론적으로 불확실성과 리스크Risk, 즉 위험은 서로 구분되는 별개의 개념이다. 불확실성은 확률적으로 전혀 예측할 수 없기에 관리 또는 통제도 불가능한 위험을 지칭한다. 9·11 테러나 자연재해 같은 사건들은 예상이나 통제가 가능하지 않으므로 이런 일들을 관리하기 위해 골머리를 앓을 필요도, 또 소용도 없다. 반면 투자 세계에서의 리스크란 확률적으로 어느 정도 예측이 가능한 위험을 말한다. 가령 '투자 손실의 위험'은 투자를 시작한 사람이라면 누구나 나름대로 예측할 수 있는 위험이고, 그렇기 때문에 어느 정도는 관리가 가능하다. 바꿔 말해 투자 시작 전 위험관리에 대한 원칙을 세워두면 만일의 상황이 닥쳤을 때 피해의 폭을 줄일 수 있다는 뜻이다.

투자에서의 리스크는 크게 두 가지로 구분해볼 수 있다. 첫 번째 리스크는 투자 금액에 손실이 있을 위험, 즉 절대적 위험이다. 기관투자가들은 이러한 절대적 위험을 몇 가지 측면에서 체계적으로 관리한다. 그중 하나는 정해진 기간 동안 발생 가능한 포트폴리오의 VaR, 즉 최대예상손실액을 통계적으로 산출하고 허용 가능 범위를 벗어나지 않게끔 관리하는 것을 골자로 하는 방법이다. 또 다른 하나는 종목당 위험 한도를 정하여 관리하는 방법으로, 각 종목마다 허용 가능한 최대손실률을 미리 정해놓은 뒤 해당 종목이 그에 이르면 손절매를 통해 추가 하락에 따르는 위험을 관리하는 것이다. 그 외에 전체 포트폴리오 차원에서 비율이 아닌 금액으로 손실 한도를 미리 정한 뒤 그 기준에 따라 위험자산의 포지션을 반으로 줄이는 식으로 절대적 위험을 관리하는 방법도 있다.

두 번째 리스크는 상대적 위험, 즉 포트폴리오의 성과가 벤치마크 대비 저조할 수 있는 위험으로, 개인투자가보다는 기관투자가들이 이를 보다 중시하며 중점적으로 관리한다. 전략적 자산배분을 통해 특정 자산에 투자하는 연기금의 경우 시장 지수를 따라가는 것은 목표 수익률을 달성하는 데 있어 매우 중요한 요소이며, 자산운용사와 같은 기관에게도 상대적 위험은 필수적으로 관리해야 하는 항목이다. A라는 주식형 펀드의 연 수익률이 10%라 해도 같은 기간 벤치마크인 코스피 지수의 상승률이 15%라면 해당 펀드의 매력도는 떨어지고, 이는 신규 가입자의 유입을 막거나 기존 가입자들의 환매 욕구를 자극하는 요인으로 작용할 수 있기 때문이다. 따라서 기관들의 경우 관련 포트폴리오가 벤치마크 대비 크게 벗어나지 않도록 사전에 위험한도Total Active Risk를 정하여 관리한다.

그러나 개인투자가들에겐 상대적 위험이 그리 큰 고민거리가 아니다. 개인의 경우엔 시장 지수 대비 수익률보다는 자신이 투자한 금액에서 손실이 발생하지 않도록 절대적 위험을 관리하는 것이 중요하기 때문에 이 점이 위험관리의 핵심이 된다. 개인의 위험관리와 관련하여 정해진 공식이 있다면 좋겠지만 사실 모든 사람에게 적용되는 위험관리의 왕도는 없다. 개인별로 투자의 기간과 목표, 위험선호도 등이 저마다 다르기 때문이다.

결국 자신의 원칙은 자신이 직접 세우는 것이 옳다. 그러려면 첫 번째론 위험선호도, 즉 자신이 감내할 수 있는 위험이 어느 정도인지를 파악해봐야 한다. 이는 앞서 이야기했던 재무 설계의 한 부분으로서 고민해보는 것이 좋다. 1억이라는 돈을 잃어도 큰 지장 없이 평소의 생활을 계속 영위할 수 있는 사람이 있는가 하면, 어떤 사람은 1,000만 원의 손실에 일상이 무너질 수도 있다. 그렇기에 위험관리의 첫 번째 원칙을 세우기 위해선 자신의 일상에 영향을 주지 않는 투자 손실의 한도가 어디까지인지 스스로 위험선호도를 통해 파악해봐야 하는 것이다. 우리는 잘 살기 위해 돈을 버는 것이지, 돈을 벌기 위해 살고 있는 게 아니라는 사실을 투자 시에도 잊어서는 안 된다.

자신의 위험선호도가 파악되었다면 그다음엔 그 정도의 손실을 보지 않기 위해 구체적으로 어떤 위험관리 지침을 세울지 고민해야 한다. 이와 관련된 아이디어는 절대적 위험을 관리하는 기관투자가의 방법에서도 얻어볼 수 있다. 가령 나는 현재 다섯 종목에 투자를 하고 있고, 전체 주식투자 금액 5,000만 원 중 나의 일상에 치명적 위협이 되지 않는 손실 금액이 1,000만 원 정도라 가정해보자. 그럼 이 1,000만 원이라는 손실 허용 한도에 맞춰 투자 종목별로 손절매하는 손실률을 −20%로 정할 수 있을 것이다. 그리고 투자 기간 중 손실률이 −20%에 도달한 종목이 있다면 이전에 정해둔 기준에 따라 손절매를 하는 방식으로 이 원칙을 실행하면 된다. 덧붙여, 손절매할 물량도 사전에 원칙으로 정해놓는 것이 좋다. 수익률이 부진한 종목을 일시에 털어내는 것이 부담스럽다면 일단은 보유 물량의 50% 정도를 매도하는 것도 방법이다.

종목별로 손절매 기준을 정하는 것이 본인과 맞지 않는다 여겨지면 포트폴리오 전체의 허용 손실 금액 한도만으로도 위험관리를 해볼 수 있다. 다만 허용 손실 한도를 정해놨다가 포트폴리오 전체에서 그 액수만큼 손실이 난 그 순간에 이르러서야 손절매를 실행하는 것보다는 몇 차례의 단계로 나누어 위험관리를 하는 편이 좋다. 가령 1,000만 원을 사전에 허용 손실 한도로 정해놨는데 실제 투자에서 손실 정도가 500만 원에 이르렀다면 그때 포지션의 일부를 줄일 수도 있을 것이다.

투자를 처음 시작하거나 아직 시장이 가진 여러 얼굴과 굴곡을 경험해보지 못한 사람에겐 손절매라는 개념이 얼핏 이해하기 어려울 수도 있다. 괜찮은 주식을 골랐다면 경제가 성장하는 한 주가도 언젠간 올라갈 텐데, 지금 손실을 봤다는 이유로 왜 굳이 손절매를 해야 한다는 건지 의아할 수 있기 때문이다. 물론 완전히 틀린 얘기는 아니다. 긴 시계視界에서의 여유 있는 투자가 가능하고 자신이 고른 좋은 회사에 대한 믿음이 뒷받침되는 상황이라면 시장의 부침浮沈에 그리 신경쓸 필요가 없을 수 있으니 말이다. 하지만 대다수 개인투자자들에겐 그런 여유가 없는 것이 사실이고, 이럴 경우엔 손실 한도를 미리 정해놓는 것이 투자 실패를 피하게 해주는 필수 요소다.

쉬는 것도 투자다

이렇듯 손절매와 관련된 여러 원칙을 사전에 마련해두지 않으면 보유 종목의 주가가 하락할 경우 초기 매수했을 당시 자신이 가졌던 논리를 계속 고수하며 소위 '물타기'를 할 가능성이 커진다. 물타기란 해당 종목을 추가로 매수하여 평균매입단가를 낮추는 행위인데, 이런 물타기가 계속되면 승부 근성이 발동되면서 투자 시 중요한 유연성이라는 덕목도 사라져버린다. 그리고 그렇게 한없이 끌려 들어가다 보면 나의 멘탈과 주식 계좌 모두가 무너져버릴 수 있다. 그렇기 때문에 일부일지언정 사전에 정해놓은 물량은 털고 나온 뒤 해당 종목에 대해 점검하는 시간을 가질 필요가 있다고 이야기하는 것이다. 만약 일시적 하락 요인 때문에 수익률이 부진한 것이었다는 판단이 서면 그때 다시 들어가면 되니 말이다.

일단 발을 빼고 한 발짝 떨어져서 살펴보는 것, 이는 투자에 관한 판단력을 맑게 하는 데 큰 도움이 되는 일이다. 그러한 일종의 타임아웃 시간 동안 자신을 조금 내려놓고, 마음의 평정을 찾은 뒤 바깥에서 최대한 객관화된 시선으로 시장과 그 종목을 바라볼 필요가 있다. 항상 무언가에 치열히 매달리고 바쁘게 움직이는 것이 습관이자 미덕이라 여겨온 우리에겐 언뜻 무의미한 일처럼 생각될 수 있지만, 이런 시간을 갖는 것 또한 투자에서 매우 중요한 과정이다.

달리 말하자면 쉬는 것도 투자다. 투자는 육체적 노동이 아니다. 땅을 파는 일에선 쉬지 않고 열심히 파는 사람이 그렇지 않은 사람에 비해 더 깊이 팔 수 있지만, 투자에서는 끊임없는 매매가 좋은 성과를 보장하긴 커녕 오히려 부정적 영향을 끼치는 경우가 많다. 주식 잔고 화면이 빨간색으로 수놓인 상황이라면 마음의 여유를 가지고 바이 앤 드 홀드Buy and Hold, 즉 매수 후 보유 전략으로 시장을 바라보는 것이 수월할 수 있다. 돈을 잃고 있는 상황에서 시장을 쳐다보고 있으면 뭔가 조치를 취하고 무엇이든 더 해야 할 것만 같은 불편한 마음이 생긴다. 그러나 이런 조급한 마음으로 하는 투자는 수익률에 아무런 도움도 되지 않기에 어렵더라도 발을 빼고 쉬어야 한다. 이런 경우엔 쉬는 것 자체가 아주 훌륭한 투자가 된다.

명심하자, '빚투 금지'의 원칙

위험관리와 관련하여 절대 빼놓을 수 없는 가장 중요한 원칙은 바로 '빚투는 안 된다'는 것이다. 앞서 이미 이야기한 바 있지만 이는 여러 번 강조해도 지나치지 않기 때문에 한 번 더 언급하려 한다.

거래소나 코스닥 시장에 올라오는 종목들은 각각의 심사 과정을 통해 한 번 걸러진 종목들이다. 기업공개를 하고 싶다고 해서 아무 기업이나 자유롭게 신청하여 거래소에 상장되는 것은 아니다. 거래소는 심사 기업의 수익성, 안전성, 영업의 지속성, 주주 구성, 법률적 위험 여부, 특수 관계인과의 거래에서 부당행위의 유무 등 신청 기업의 다각적인 측면을 상장 요건으로서 면밀히 살펴본다. 그리고 이 모두를 충족시키는 기업만이 거래소에 이름을 올릴 수 있다. 코스닥의 경우엔 거래소보다 심사 기준이 조금 느슨한 면이 있어, 거래소 기준에 비추어볼 때 조금 부족하지만 우수한 기술 또는 혁신 가능성을 가진 기업들이 올라오곤 한다. 자본을 필요로 하는 산업이나 기업에 자본을 조달해주는 일종의 플랫폼으로서 자본시장이 존재하기도 하기 때문에, 코스닥에는 기술 상장 제도가 있다. 다만 코스닥은 거래소에 비해 다소 느슨한 만큼 코스닥 기업에 대한 투자 역시 거래소 상장 기업에 대한 투자보다는 좀 더 위험한 편이기에 보다 꼼꼼하게 살펴봐야 할 필요는 있다.

어쨌든 이렇게 한 번의 필터링을 거친 기업들 중 괜찮은 곳을 골라 투자했다면 해당 기업이 바로 상장폐지되어 시장에서 사라지는 일은 거의 없다. 물론 주식 카톡방, 주식 컨설팅이나 소위 '지라시' 같은 곳에서 근거 없이 추천받은 작전 종목의 경우라면 이야기가 다르다. 하지만 대부분의 일반 투자자들은 시장에서 어느 정도 인정을 받는 주식에 투자하기 때문에 존폐를 걱정하지 않아도 되는, 다시 말해 괜찮은 기업을 고를 확률이 매우 크다. 그리고 이런 주식들은 오랫동안 들고 있으면 경제의 성장과 함께 등락을 경험하면서도 가격이 우상향할 가능성이 높다.

문제는 신용이나 미수를 통한 투자를 할 땐 이렇게 오랫동안 종목을 보유할 수 있는 기회가 없다는 데 있다. 융자를 이용해 레버리지 투자를 했다면 주가 하락으로 인해 담보 유지 비율이 사전에 정해둔 수준 이하로 떨어질 경우 자동으로 반대매매를 당한다. 내가 미처 대응 방법을 생각하기도 전에, 내 의지와 상관없이 증권사가 사전에 정한 절차에 의해 신용 융자를 회수하는 것이다.

다음 페이지의 그래프에서 확인할 수 있듯 신용거래의 규모는 증가 일로에 있는데 매우 우려스러운 일이 아닐 수 없다. 이러한 신용 거래가 늘어난다는 것은 비슷한 입장에 있는 사람들이 많아지고 있음을 뜻한다. 그런데 어느 시점에 이르면 반대매매를 당하는 장, 속된 말로 신용이나 미수가 '털리는' 장이 올 수 있다. 과거의 사례들에 비추어 봤을 때 반대매매가 지나고 나면 그 시점이 주가의 바닥인 경우가 많았다. 특정 개인 한 명뿐만 아니라 그와 비슷한 입장에 있는 다른 사람

들도 무조건 반대매매를 당해서 주식을 팔기 때문에 주가가 바닥을
만드는 것이다. 따라서 그 시점이 지나면 주가는 다시 올라가기 마련
인데, 저점에서 반대매매를 당하고 그 후에 이어지는 상승장을 지켜
보게 된다면 마음이 좋을 리 없다. 이런 식으로 여러 번 마음 상하는
상황을 경험하다 보면 균형을 갖춘 시각과 마음으로 투자를 하기가
힘들어질 수 있다. 투자에 있어 무엇보다 중요한 것은 자기 자신의 마
음을 붙드는 일이다. 이를 힘들게 만드는 '빚투' 혹은 '영끌'은 그래서
가능한 한 멀리해야 한다.

신용거래 융자

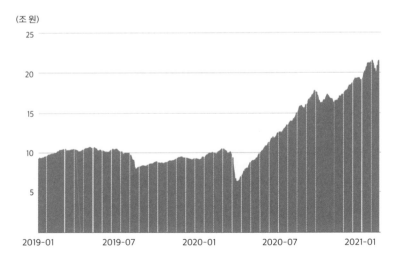

출처: 금융투자협회

자신만의 투자 원칙을 만들자

오랜 시간을 알아온 친구들 중에 투자로 많은 돈을 번 이들이 있다. A라는 친구는 현재 수천억 원을 보유한 자산가가 되었으나 그런 그도 초창기엔 실패의 경험이 있었다. S증권사 본사의 국제부 전문인력으로 채용된 그는 신입사원은 모두 지점에 발령한다는 회사 정책에 의해 지점으로 가게 되었다. 1985년 이후 코스피 지수는 800%의 상승세를 보이며 1989년 3월 1,000포인트를 돌파하고 있었다. 주식을 잘 모르던 시절 그는 지점에서 주변 지인 등 가까운 이들의 계좌를 통해 투자를 시작했다.

그러나 당시 주식시장의 활황은 1990년 들어 반전되었다. 1990년 급락세로 돌아선 코스피 지수는 9월엔 559포인트까지 추락했다. 당시 재무부는 증시 침체의 원인 중 하나가 신용을 쓰는 '깡통계좌'라 단정하고, 추가적인 금융 불안을 예방하겠다는 명목하에 이 계좌들의 일괄정리를 발표했다. 그 결과 그해 10월 10일 전국의 증권사는 일제히 깡통계좌 정리에 돌입했고, A의 고객 계좌들 또한 일부 반대매매를 당했다. 이후 그는 본사로 돌아갔지만, 이 쓰라린 경험은 A로 하여금 투자에 대해 한층 더 깊이 생각하게 하는 계기가 되었다고 한다.

본사의 국제부로 돌아간 그는 전환사채 발행을 담당했다. 전환사채란 일정 조건에 따라 채권을 발행한 회사의 주식으로 전환할 수 있는 권리가 부여된 채권이다. 구조적으로 설명하자면 채권에 콜옵션, 즉 일정 기간 내에 미리 정해놓은 가격으로 주식을 매수할 수 있는 권리가 붙어 있다고 생각하면 되겠다. 옵션은 그 속에 들어 있는 권리를 계약의 형태로 사고파는 것이기에 가격이 매겨져야 한다. 이렇게 가격을 매기는 것을 프라이싱Pricing이라 하는데 이는 해당 회사의 현재 주가, 만기까지 남은 시간, 변동성, 배당, 이자율 등과 같은 여러 요소들을 고려해 산출하는 것이기에 매우 복잡한 수학의 영역에 속한다. 당시 우리나라는 증시에 대한 외국인의 직접투자가 불가능했던 시기였고 주식 선물 옵션과 같은 파생상품도 거래되기 전이었다.[54] 옵션에 대한 시장 전반의 이해가 약했던 당시 전환사채는 굉장히 매력적인 가격에 발행되었고, A는 이를 국내외 기관투자가 고객에게 연결해주는 역할을 하는 과정에서 회사에 높은 수익을 안겨주었다. 이 업무를 통해 A는 밸류에이션에 대해서 새롭게 눈을 떴다. 주식의 세계가 단순히 테마나 소문, 작전 등으로 작동하는 것이 아니고, 진정으로 돈을 벌어다 주는 것은 기업의 내재가치에 근거한 투자임을 깨달은 것이다. 그때부터 그는 가치투자가로서의 삶을 시작했다.

전환사채 관련 업무를 통해 회사에 큰 이익을 안겨주었음에도 지금과 같은 성과급 체계가 잡혀 있지 않았던 당시 A가 '수고비' 명목으로 연말에 받은 봉투는 초라했다. A는 그간의 업무를 통해 배우고 터득한 점들을 스스로의 성과급으로 챙기고, 회사를 나와 지인(현재 A자산 운용사 대표로 맹활약 중인 K 회장)과 함께 개인적으로 투자를 시작했다.

---

54 우리나라에서 외국인 주식 직접투자는 1992년에, 주식 선물 옵션과 같은 파생거래는 1996년에 시작되었다.

밸류에이션을 해보니 회사원으로 월급을 받는 것보다는 위험을 지더라도 스스로 투자하고 그 결과를 향유하는 편이 더 낫다고 판단한 것이다. 그 결정이 그 친구의 일생에선 가장 탁월한 투자 의사결정이라 생각된다. 일련의 경험을 통해 자기 나름의 투자 원칙을 세워 투자를 계속해온 지금, A는 앞서 말했듯 수천억 원의 자산가가 되었다.

투신사 펀드매니저 출신의 또 다른 친구 B에 대한 이야기도 해보려 한다. IMF 위기가 한창이던 1998년 주식시장 폭락으로 투신사를 나온 B는 증권사 지점으로 자리를 옮겨 주가지수 선물에 투자했지만 상당한 손실을 입었다. 이후 3개월간 그는 주말도 없이 매일 사무실에 나와 선물이 움직이는 원리를 연구했고, 그 결과 마침내 자기 나름의 투자 원칙을 세울 수 있었다. 알고리즘 트레이딩[55]에 대한 개념이 없던 시절 그는 자신만의 알고리즘을 만들어 투자에 적용, 첫해에 27배의 수익을 올린 것을 비롯해 14년간 1,000억 원 이상의 수익을 거두었다.

B의 좋은 투자 성과가 단기에 그쳤다면 시장의 일시적 흐름에 편승한 행운 덕이었다 할 수도 있겠다. 그러나 선물은 높은 레버리지를 이용하는 투자이기에 많이 벌었다 하더라도 어느 한순간에 그 모두를 잃을 수 있다. '압구정 미꾸라지' '목포 세발낙지'와 같은 닉네임으로 한때 시장에서 유명했던 투자자들도 지금은 그 존재를 확인하기 힘들다. 그에 반해 B는 투자 수익으로 금융회사를 설립, 운영하며 지금도 선물 투자를 병행하고 있다. 장기간에 걸친 그의 성공적인 투자는 실

---

55 계량적 분석에 기초하여 일정한 규칙을 수립하고, 그 알고리즘에 따라서 매매하는 기법.

전을 통해 자기 나름의 원칙을 세우고 위험을 관리하며 투자에 임했기에 가능했던 일이다.

투자로 잘나가는 두 친구를 자랑하고 싶어 그들의 스토리를 풀어놓은 것이 아니다. 준비가 덜 된 초기 투자 시기엔 누구든 시장에서 쓰라린 실패를 경험할 수 있다. 하지만 그중 누군가는 그 쓰라린 실패의 경험 뒤 깊은 성찰의 과정을 통해 자신만의 투자 원칙을 세우고, 한 단계 더 성숙해서 일어선다. 투자에서의 성공은 바로 그런 이들의 몫이라는 점을 친구들의 사례를 통해 강조하고 싶었다.

현대를 사는 투자자들은 과거에 비해 어마어마한 정보의 홍수 속에서 살고 있다. 유튜브, 종합 케이블 방송, 공영방송 등에서 접할 수 있는 주식투자 관련 콘텐츠들은 매우 많고, 이제는 심지어 예능 프로그램에까지 투자 전문가라 불리는 이들이 등장하기도 한다. 이런 시대에 우리에게 필요한 것은 이 어지러운 정보의 홍수를 종합하여 자신만의 무기를 만들 수 있는 능력이다. 투자 관련 유튜브 영상 댓글 중에는 "그래서 어떤 주식을 사라는 건가요?"라는 것이 심심치 않게 등장하는데, 이 짧은 질문에서 드러나는 마음가짐으론 투자에서 성공하기 어렵다.

투자란 망망대해에서 물고기를 잡는 일과 같다. 더군다나 우리의 배는 최신 설비와 조직화된 선원을 보유한 대형 원양어선도 아니다. 우리는 개인투자가이기에 혼자 쪽배를 타고 풍랑을 헤쳐나가면서 고기를 잡아야 한다. 남들은 결코 내 고기를 잡아주지 않기 때문이다. 하루만 하고 그만둘 일이 아니라면 다른 사람의 얘기에만 기대어 고기를 계속 잡고자 하는 것이 헛된 희망임을 알아야 한다. 실제로 고기 잡이를 하는 어부들에게는 모두 나름의 노하우가 있다. 날씨, 물과 바람이 흐르는 방향, 파도, 잡고자 하는 고기의 특성 등 수없이 많은 자연의 변화를 느끼고 경험하고 연구해온 것들이 쌓여 노하우로 만들어진 것이다. 어부들이 그것을 바탕으로 고기를 잡고 풍랑을 극복하듯 우리는 투자의 세계에서 자신만의 고기를 잡는 법, 생존하는 법을 연구하고 익혀나가야 한다.

투자에 있어 금과옥조 같은 원칙이 있다. 바로 '잘 모르는 것에는 투자하지 말라'는 것이다. 자신이 정한 논리대로 행한 투자는 그 결과가 맞든 틀리든 우선은 자기의 마음속에 담을 수 있는 주식에 대한 투자여야 한다. 주식투자는 투자자의 마음에 주식을 담는 것과 같다. 그렇기에 마음이 흔들리면 투자도 같이 흔들릴 수밖에 없다. 생판 모르는 사람을 마음에 둘 수 없듯, 아무것도 모르는 기업이나 사업분야의 주식도 마음에 담을 수 없다. 특정 주식에 투자하려면 그 주식에 대해 나름대로 아는 부분이 있어야 한다. 작은 지식이라도 내가 갖고 있는 그 지식에 대해선 누가 뭐라 해도 흔들리지 않는 확신이 있어야 한다. 다른 사람의 얘기만을 듣고 잘 알지도 못하는 주식에 투자하면 주가가 흔들릴 때 그 이유를 알기 힘들어 공포스러울 수 있다. 앞이 안 보이는 어둠 속에선 작은 소리에도 큰 불안과 공포를 느끼는 것과 같은 이치다. 내가 투자한 주식에 대한 지식이 있다면 분석도 하고 예측도 할 수 있다.

자신만의 투자 원칙을 만들어나가는 방법에는 크게 두 가지가 있다. 하나는 공부를 하는 것이고, 다른 하나는 투자 관련 서적이나 여러 콘텐츠를 통해 습득한 지식이 있다면 그것을 현실 시장에 실제로 적용시켜보는 것이다. 여기에는 무수한 경험이 필요하다. 바다에서 고기를 잡는 이론적이고 원칙적인 방법은 어찌 보면 지극히 간단할 수 있다. 그러나 그것만을 가지고 바다에 나간다 해서 만선이 보장되는 것은 아니다. 뛰어난 어부는 바다라는 실전 무대에서 자연의 모든 미세한 변화를 느끼고 경험해나가는 과정을 통해 탄생한다.

자신만의 투자 원칙을 세웠다면 그것을 글로 옮겨볼 필요가 있다. 주식을 사거나 팔 때, 내가 사전에 정해놓은 투자 원칙에 맞는지 한 번씩 점검해보자. 주가가 흔들리거나 나의 예상과 다른 방향으로 크게 움직인다면 그에 대한 의사결정을 해야 하는데, 이럴 때에도 활자로 적힌 자신의 투자 원칙을 보면 큰 도움이 된다. 인간은 참 묘한 존재라서 머릿속에 원칙을 담아두었다 해도 결국은 마음 가는 대로 손이 움직이게 되어 있고, 돈이 걸려 있는 사안에 대해선 더 감정적인 결정을 내리기 쉽다. 그럴 때일수록 글로 옮겨둔 나만의 투자 원칙을 다시 꺼내서 반추해봐야 한다.

이 과정을 반복하면서 자신이 정한 방법이나 원칙에 시장 경험을 덧대어 계속 수정해나갈 수도 있다. 예를 들어 그간 PER이나 PBR과 같은 밸류에이션 지표들을 위주로 하여 투자 관련 의사결정을 내려왔다고 가정해보자. 경험을 통해 지금과 같은 시기에는 밸류에이션 위주의 투자가 잘 맞지 않음을 알 수 있다. 그럼 '왜 맞지 않을까?'라는 점검을 해볼 수 있다. 기존의 투자 원칙을 검토하는 과정에서 지금은 과거에 비해 장기 성장성이 더 중요한 가치를 부여받는다는 점을 발견할 수 있다. 이런 일련의 과정을 통해 자신만의 투자 원칙들을 조금씩 수정 및 업그레이드할 수 있다. '한 번 세운 원칙이니 절대 바꿔선 안 된다'고 생각하면 안 된다. 내가 세운 원칙이 나를 속박하는 굴레가 되어선 안 되기 때문이다. 투자를 통해 시장과 대화하면서 투자 원칙을 늘 반추하고 리뷰하다가 정말 필요하다는 판단이 서면 조금씩 수정하고 업그레이드해야 한다.

투자는 밸류에이션 수치 몇 개로 결정되는 공식이나 기술이 아니라 과학에 기초한 예술, 더 나아가서는 마음에 대해 공부하는 경험이다. 돈만큼 인간의 마음을 쥐어 잡고 흔드는 것이 없다. 투자하는 사람들 대부분의 마음속에는 빨리 돈을 벌고 싶다는 욕망이 깔려 있다. 그리고 투자란 그 욕망을 최대한 객관화하고 자기만의 기술이나 방법, 원칙 등을 통해 시장에서 살아남고 돈을 벌어나가는 과정이라 할 수 있다. 아이러니하지만 욕망의 근원인 돈으로부터 자유로워지는 마음을 가질수록 장기적으로 꾸준히 돈을 벌 확률도 높아진다. 그래서 결국 투자는 마음공부와 다르지 않다. 돈을 벌고자 하는 욕망에서 한 발짝 떨어져 최대한 객관화된 판단을 내리는 것에서부터 시작해 자기를 절제하고 감정적으로 하고 싶은 것을 참는 위험관리까지, 투자에는 이 모든 요소가 존재한다. 변화무쌍한 자본시장이라는 망망대해에서 투자를 화두로 하여 일신우일신日新又日新하면서 정진하다 보면 조금씩 흔들리지 않는 마음을 갖게 되고, 세상을 보는 안목도 깊어질 것이다. 돈이란 것은 그런 사람에게 보너스처럼 덤으로 따라오는 것이 아닐까?

주식시장의 속성

지은이 | 이창훈

1판 1쇄 인쇄 | 2021년 8월 24일
1판 1쇄 발행 | 2021년 8월 31일

펴낸곳 | (주)지식노마드
펴낸이 | 김중현
편 집 | 장윤정
디자인 | 제이알컴
등록번호 |제313-2007-000148호
등록일자 | 2007. 7. 10
(04032) 서울특별시 마포구 양화로 133, 1702호(서교동, 서교타워)
전화 | 02) 323-1410
팩스 | 02) 6499-1411
홈페이지 | knomad.co.kr
이메일 | knomad@knomad.co.kr

값 15,000원

ISBN 979-11-87481-94-2   03320